Erik Dinges / Silke Petersen

Größen anschaulich

Flächen, Gewichte, Hohlmaße

Die Autoren: **Dr. Erik Dinges**
Rektor einer Förderschule für Lernhilfe, Referent in der Lehrerfort- und Lehrerweiterbildung, zahlreiche Veröffentlichungen als Autor und Herausgeber.

Silke Petersen
Lehrerin an einer Förderschule mit dem Schwerpunkt Lernen, Autorin.

Gedruckt auf umweltbewusst gefertigtem, chlorfrei gebleichtem
und alterungsbeständigem Papier.

7. Auflage 2021

Grafik: Ari Plikat
Satz: www.dtp-design.eu

ISBN: 978-3-8344-**3486**-9

www.persen.de

Inhaltsverzeichnis

Vorwort

Dem Arbeiten mit Größen kommt im Mathematikunterricht eine fundamentale Bedeutung zu. Einerseits begegnen Zahlen den Schülerinnen und Schülern in ihrer unmittelbaren Lebenswelt nur selten unter den Aspekten der Kardinalzahl, der Ordnungs- oder Operatorzahl. Vielmehr treten Zahlen meist als Maßzahlen auf. Hierzu zählen die Größenbereiche „Längen“, „Geldwerte“, „Gewichte“, „Zeit“, „Hohlmaße“ und „Flächengrößen“. Andererseits treten Zahlen selten isoliert auf. Sie stehen fast immer in einem bestimmten Sachkontext: Rezepte, Fahrpläne, Eintrittskarten, Sporttabellen usw.
Ferner bilden eine ausgeprägte Größenvorstellung sowie der richtige Umgang, d. h. auch das Umwandeln und Rechnenkönnen mit Größen, wichtige Voraussetzungen für das Sachrechnen.

Grundvoraussetzung hierfür ist u. a. die Einführung in den Flächeninhaltsbegriff. Auch muss die richtige Handhabung von Messinstrumenten wie die Funktionsweise einer Waage oder Möglichkeiten des Vergleichs von Hohlmaßen bekannt sein.
In diesem Buch werden diese Themenbereiche handlungsorientiert aufgegriffen und systematisch mit den Schülerinnen und Schülern erarbeitet.

Mithilfe der übersichtlichen Lösungsseiten bietet sich den Schülerinnen und Schülern die Möglichkeit zur Selbstkontrolle. Bei den Lösungsseiten ist zu beachten, dass manche Aufgaben individuell gelöst werden müssen und daher mehrere Lösungen zulassen.

1 Flächen benennen

① **Beschrifte!**

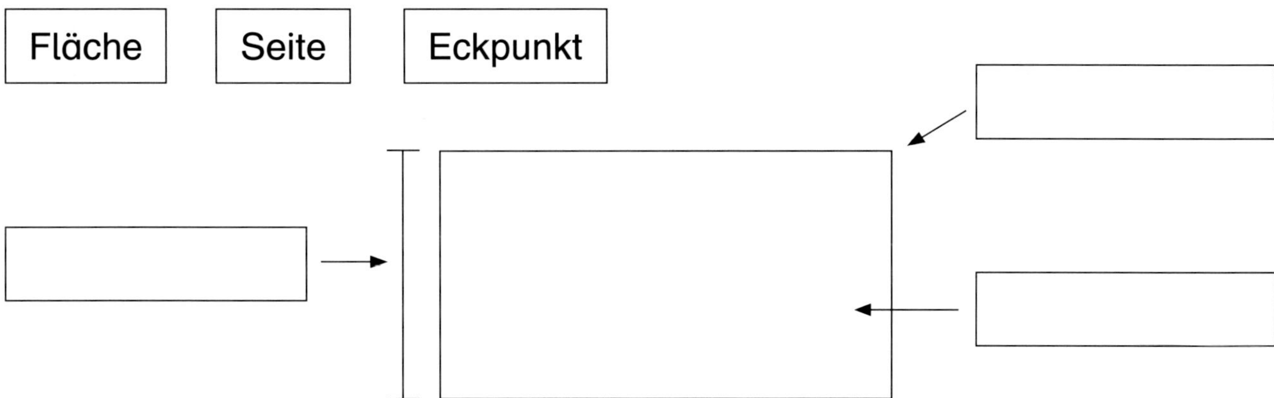

② **Beschrifte!**

Quadrat | Rechteck | Kreis | Dreieck

a)

b)

c)

d)

③ **Male an:** Dreiecke = grün   Rechtecke = rot
Kreise = gelb   Quadrate = blau

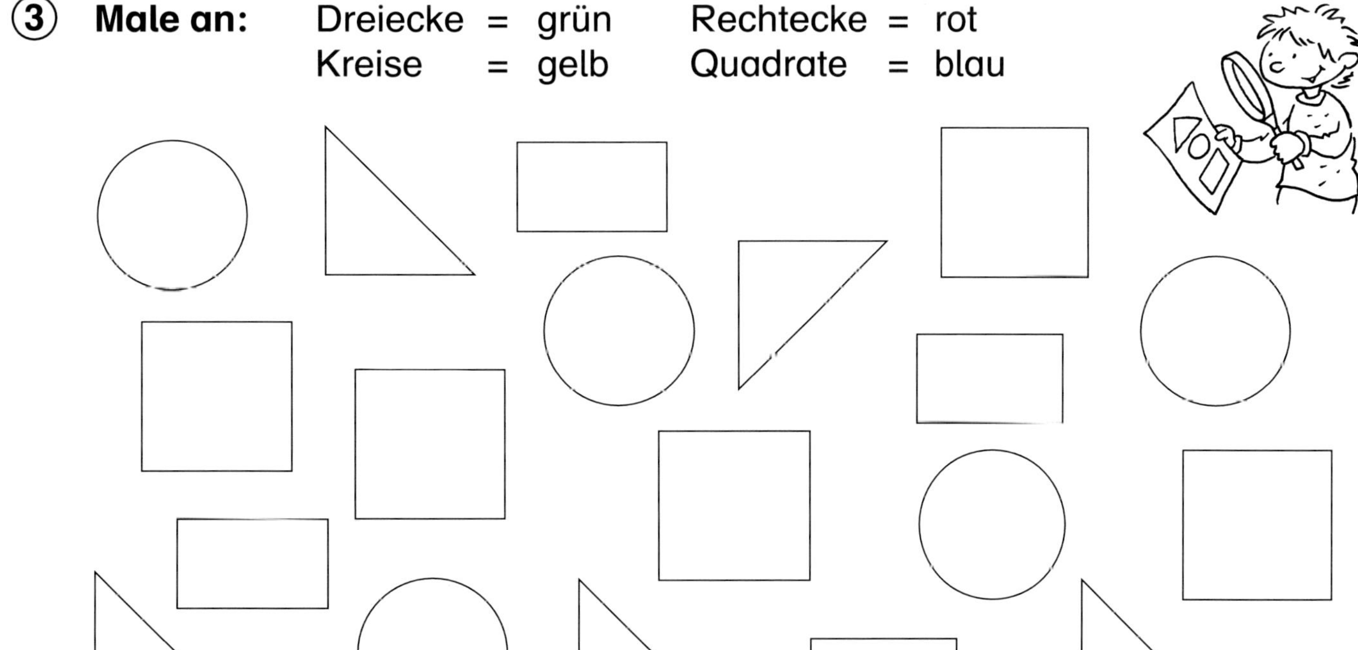

② Das Dreieck

Es gibt verschiedene Arten von Dreiecken.

Bei einem gleichseitigen Dreieck sind alle Seiten gleich lang.
Ein Winkeldreieck besitzt einen rechten Winkel.
Ein gleichschenkliges Dreieck hat zwei gleich lange Seiten.

① a) **Trage die Dreiecksarten ein.**

1. ______ ______

2. ______ ______

3. ______ ______

b) **Vervollständige!**

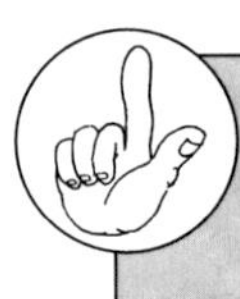

Alle Dreiecke haben zwei Dinge gemeinsam:

Sie besitzen ☐ *Seiten und* ☐ *Eckpunkte.*

② **Miss die Seiten der Dreiecke. Gib die Längen in cm an.**

a)

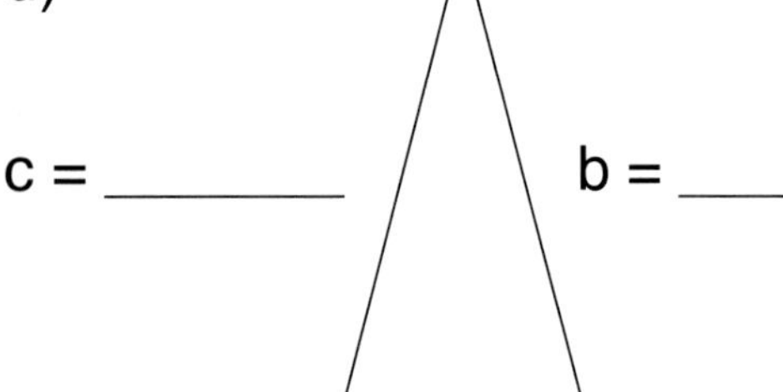

c = ________ b = ________

a = ________

b)

c = ________ b = ________

a = ________

③ **Verena weiß, wie man aus einem Rechteck 2 gleich große Dreiecke machen kann:**

Schneide das Rechteck aus.
Falte es in 2 gleich große Dreiecke.
Schneide entlang der Faltlinie.
Klebe ein Dreieck hier auf.

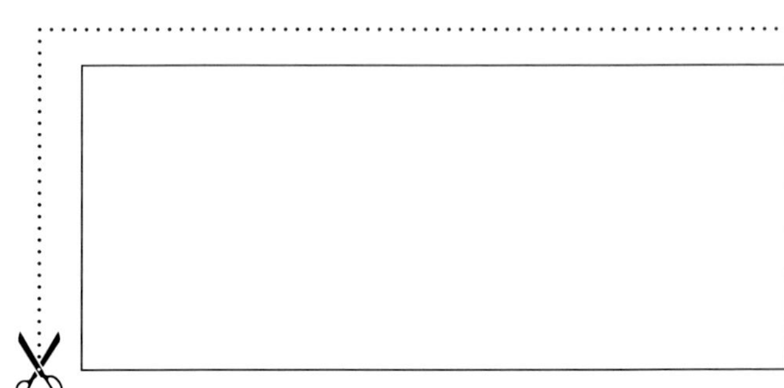

③ Das Viereck und das Rechteck

① Betrachte das Viereck!

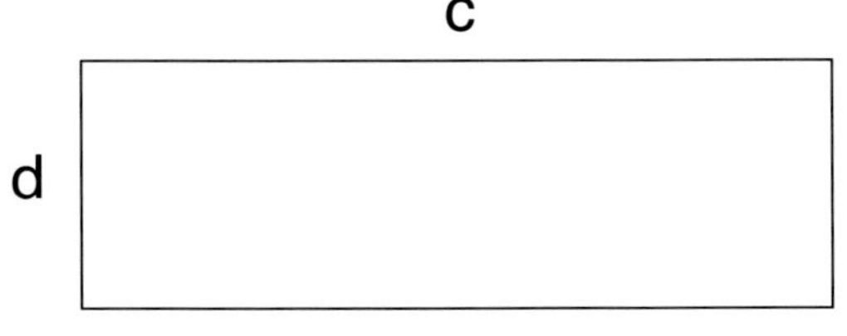

a) Wie viele Seiten hat das Viereck? _____ Seiten

b) Wie lang sind die einzelnen Seiten?

a = __________ b = __________ c = __________ d = __________

c) Was fällt dir bei den Seitenlängen auf? ____________________

____

d) Was fällt dir bei den Ecken auf? ____________________

e) Dieses Viereck nennt man auch … ____________________

② Warum ist die folgende Fläche zwar ein Viereck, aber kein Rechteck? Begründe!

____

____

____

____

③ Nenne 5 Gegenstände mit rechteckigen Flächen.
Schreibe die Anzahl der Flächen in Klammern dahinter.

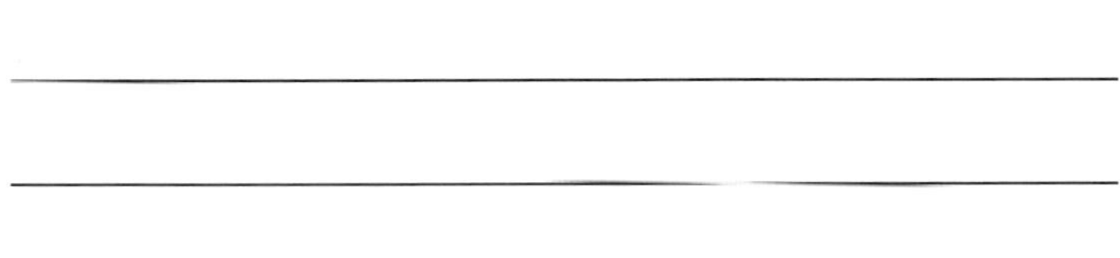

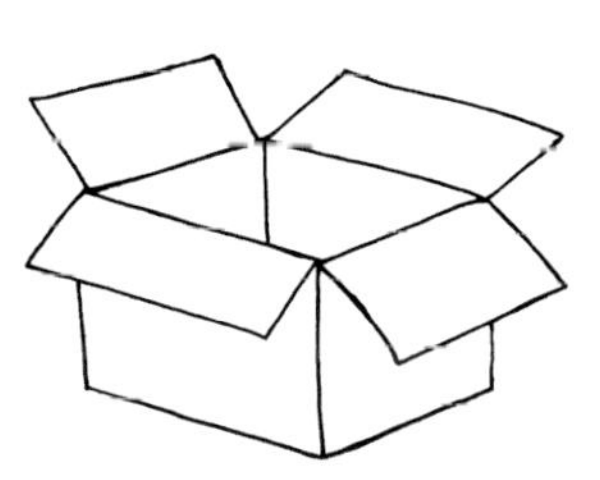

4 Das Quadrat

① Betrachte das Quadrat!

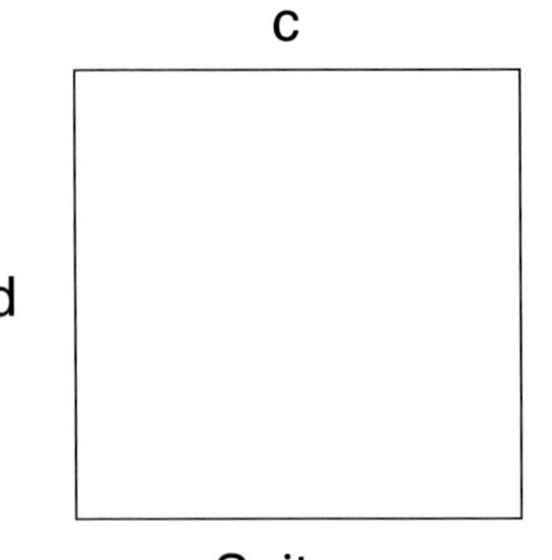

a) Wie viele Seiten hat das Quadrat? _____ Seiten

b) Wie lang sind die einzelnen Seiten?

a = __________ b = __________ c = __________ d = __________

c) Was fällt dir bei den Seitenlängen auf?

____

② Male die quadratischen Flächen an.

a)

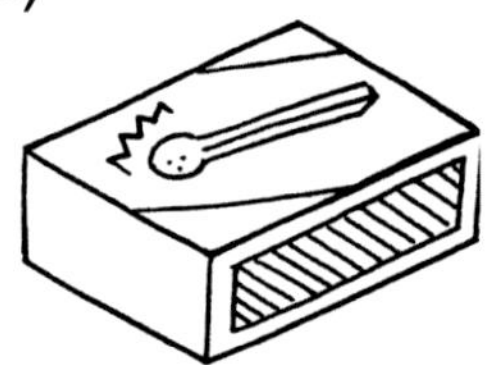

b)

c)

d)

③ Wie kannst du aus einem Rechteck ein Quadrat falten?

Tipp: Abschneiden ist erlaubt!

Wie oft musst du falten?

____

5 Der Kreis

① **Beschrifte!**

Kreisfläche	Mittelpunkt	Radius (r)	Durchmesser (d)

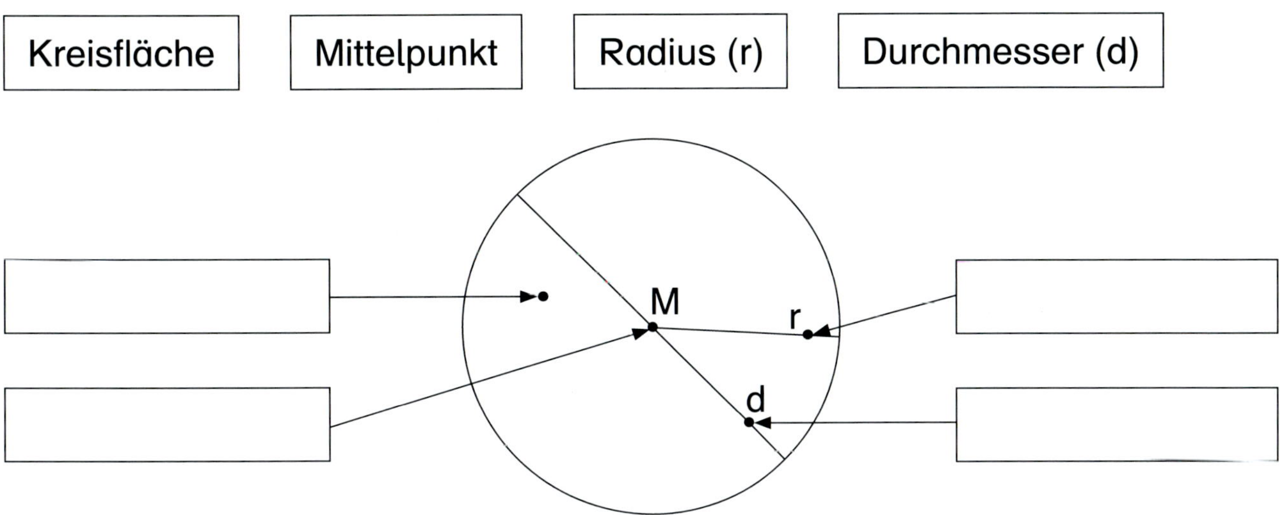

② **Nenne 5 Gegenstände mit einer kreisförmigen Fläche.**

③ **Male die Kreise, die gleich groß sind, mit derselben Farbe an.**

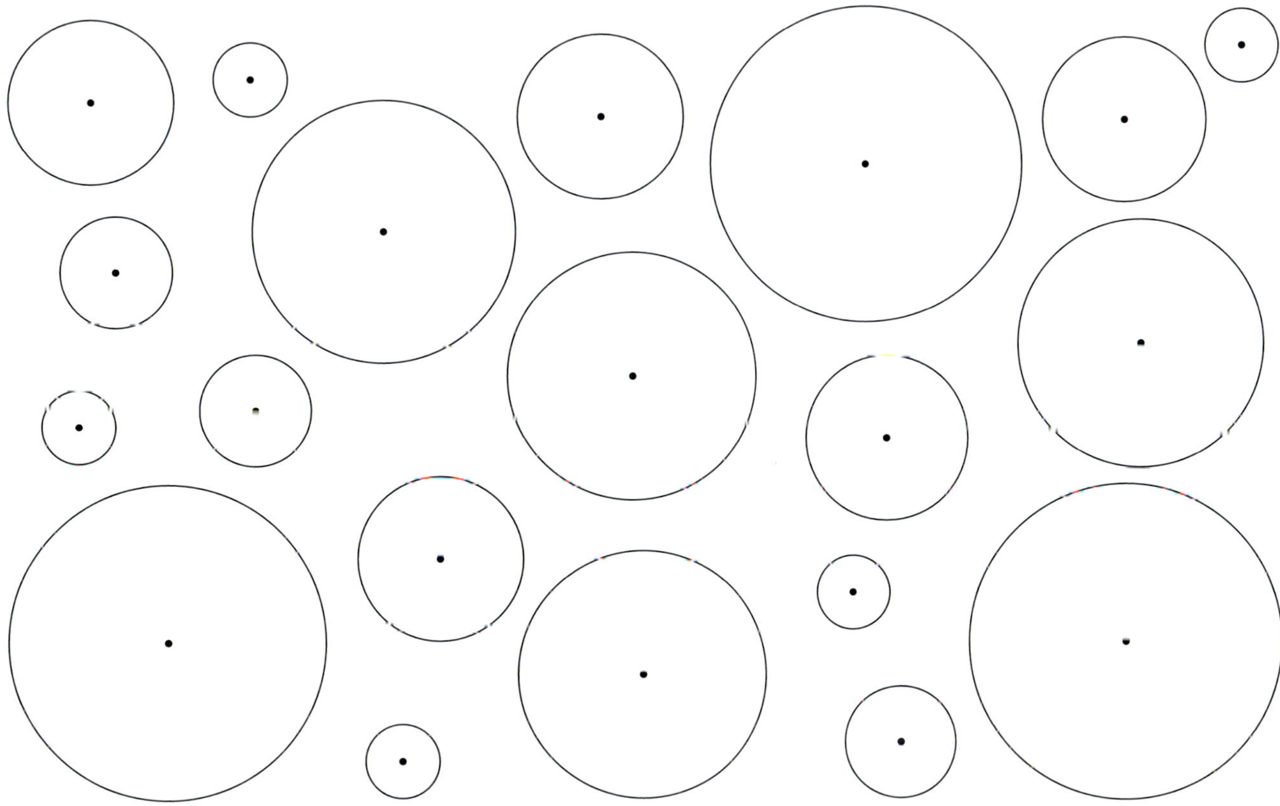

⑥ Dreiecke zeichnen

① **Zeichne die Dreiecke genau nach.**

a)

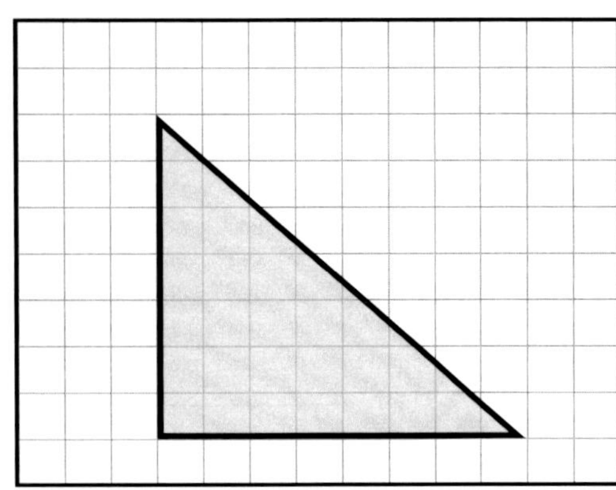

b)

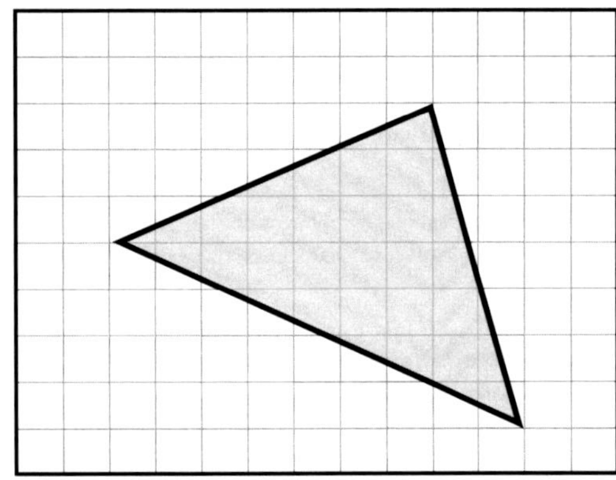

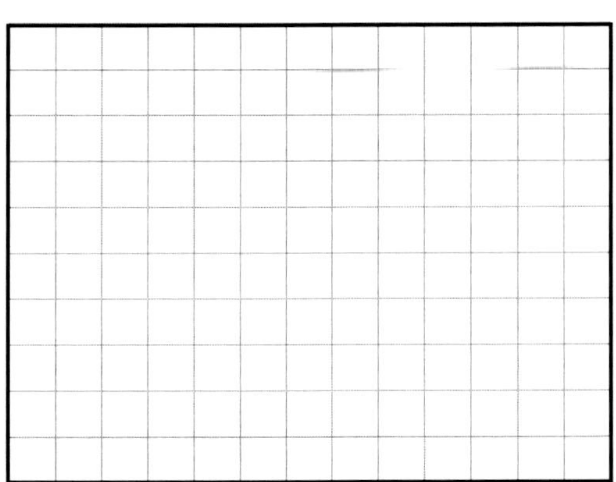

② **Zeichne 4 Dreiecke, die verschieden groß sind.**

7 Rechtecke zeichnen

① **Zeichne das Rechteck genau nach.**

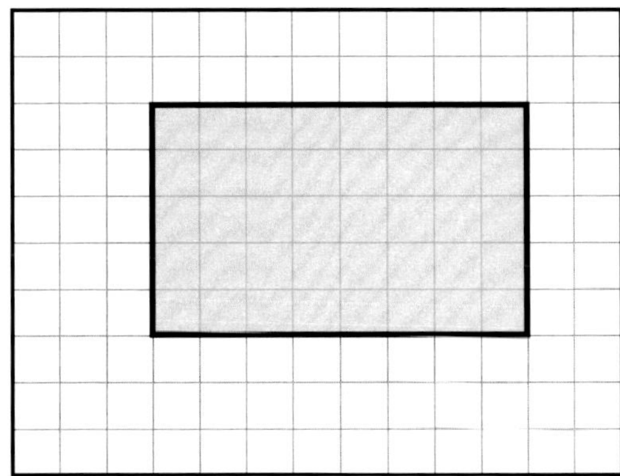

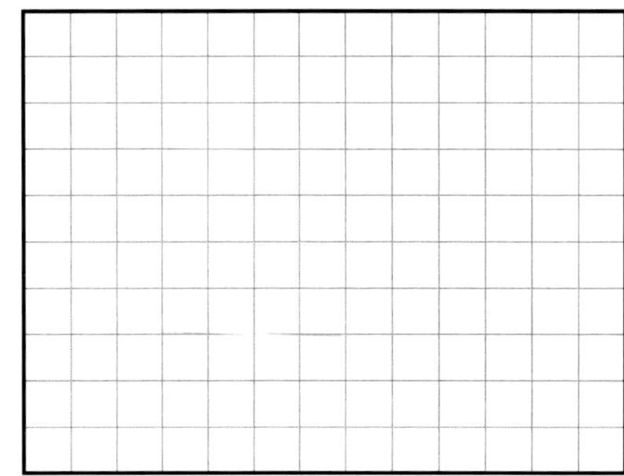

② **Zeichne ein gleich großes Rechteck in einer anderen Lage.**

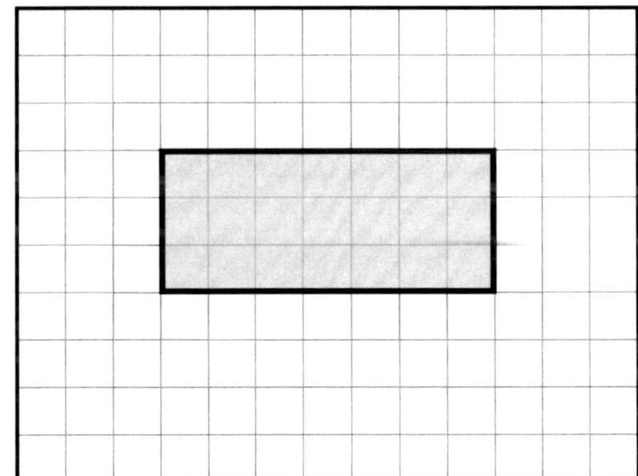

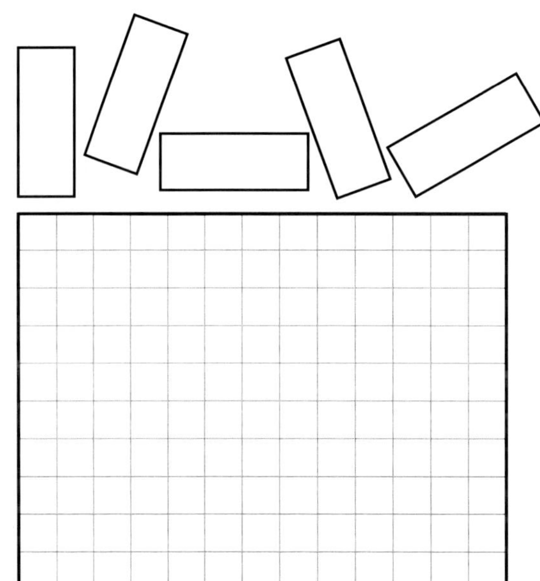

③ **Zeichne 2 gleich große Rechtecke in unterschiedlicher Lage.**

Maße: a = 4 cm, b = 1 cm

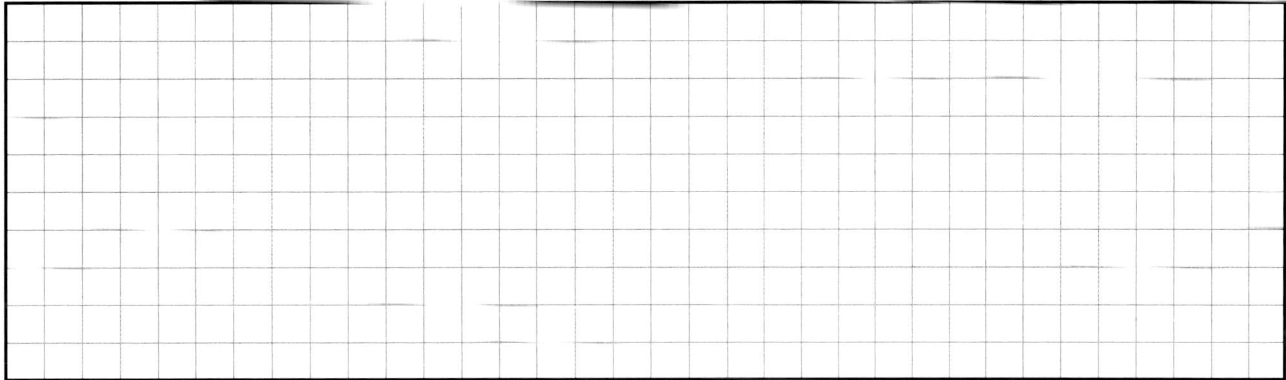

8 Vierecke zeichnen

① **Das abgebildete Viereck nennt man Trapez. Zeichne es genau nach.**

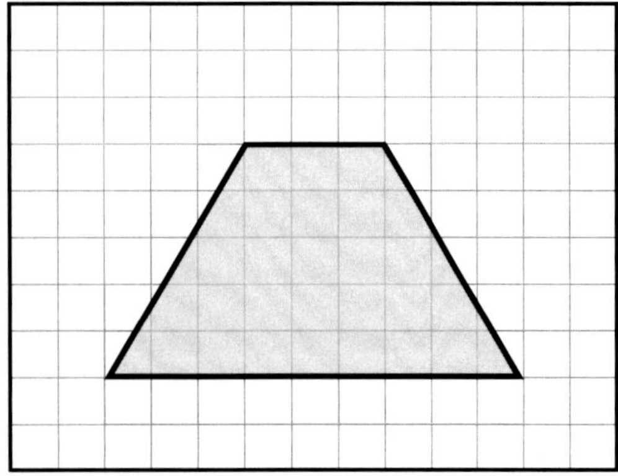

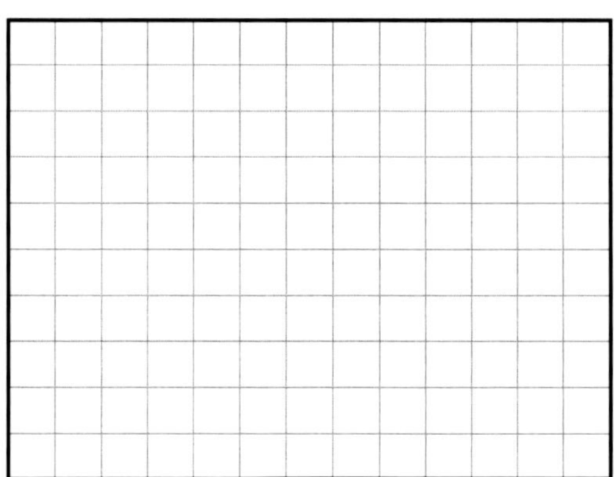

② a) **Wie lang sind die Seiten des Quadrates?** a = _____ cm

b) **Zeichne ein gleich großes Quadrat in einer anderen Lage.**

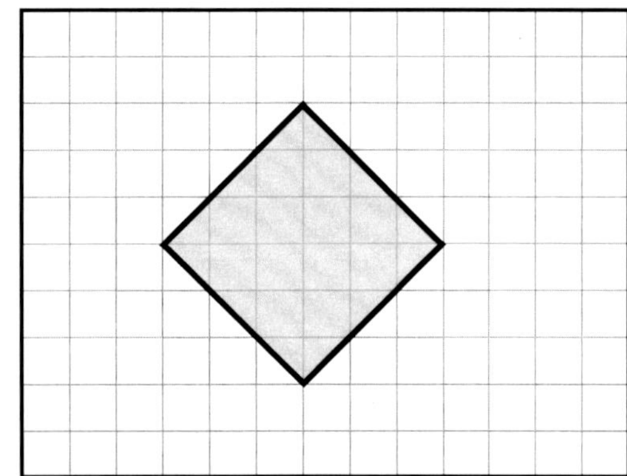

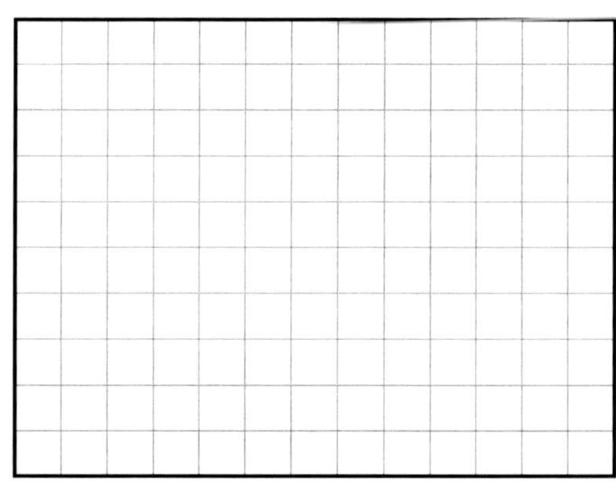

③ **Zeichne mindestens 4 verschiedene Vierecke.**

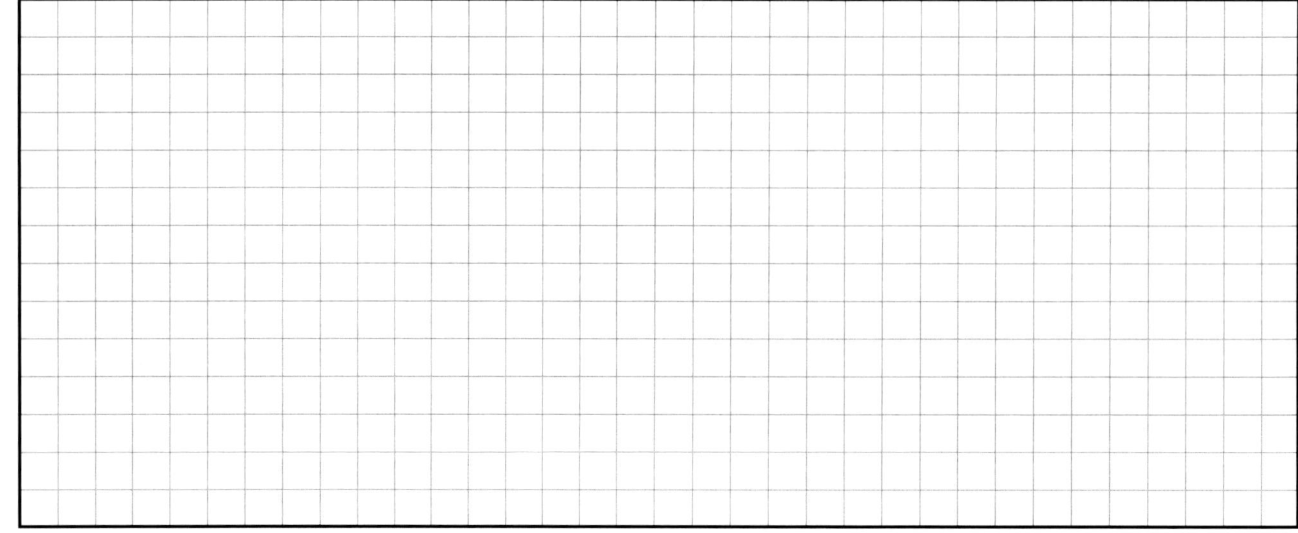

9 Kreise zeichnen

① **Zeichne auf verschiedene Arten Kreise.**

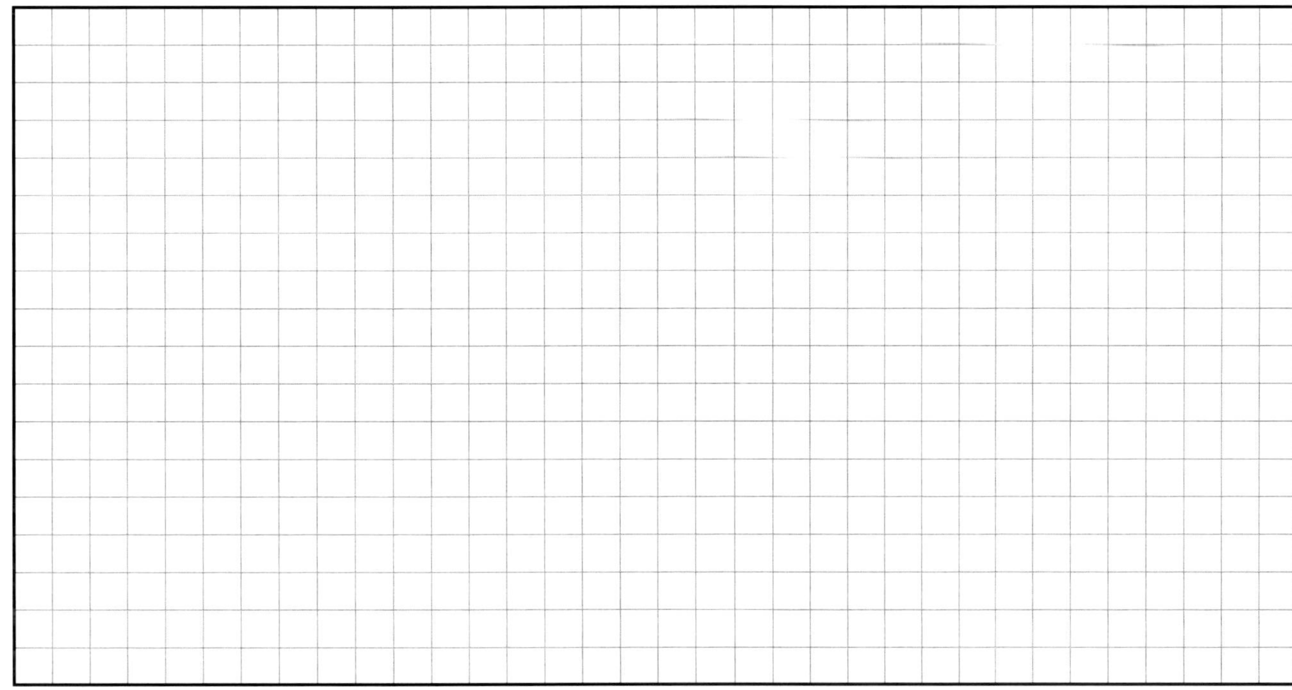

② **Zeichne 3 Kreise mit einem Radius von 2 cm.**
Was kannst du über die Flächen der Kreise sagen?

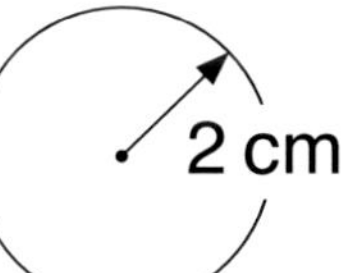

____

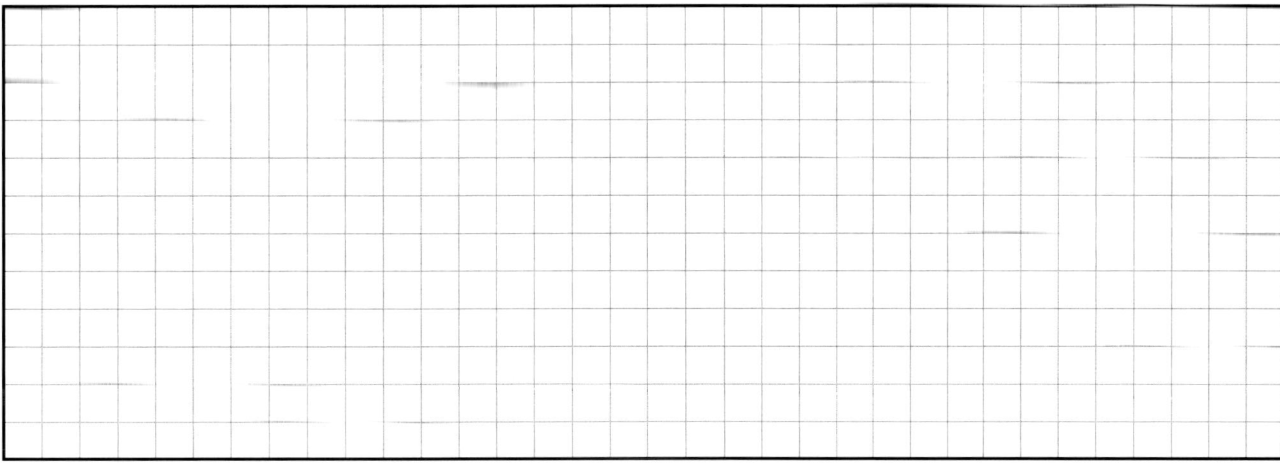

(10) Flächen nachlegen 1

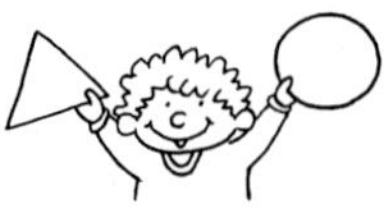

Lege die Fläche mit Legeplättchen nach.

Male anschließend an:

- Rechtecke = rot
- Quadrate = blau
- Kreise = gelb
- Dreiecke = grün

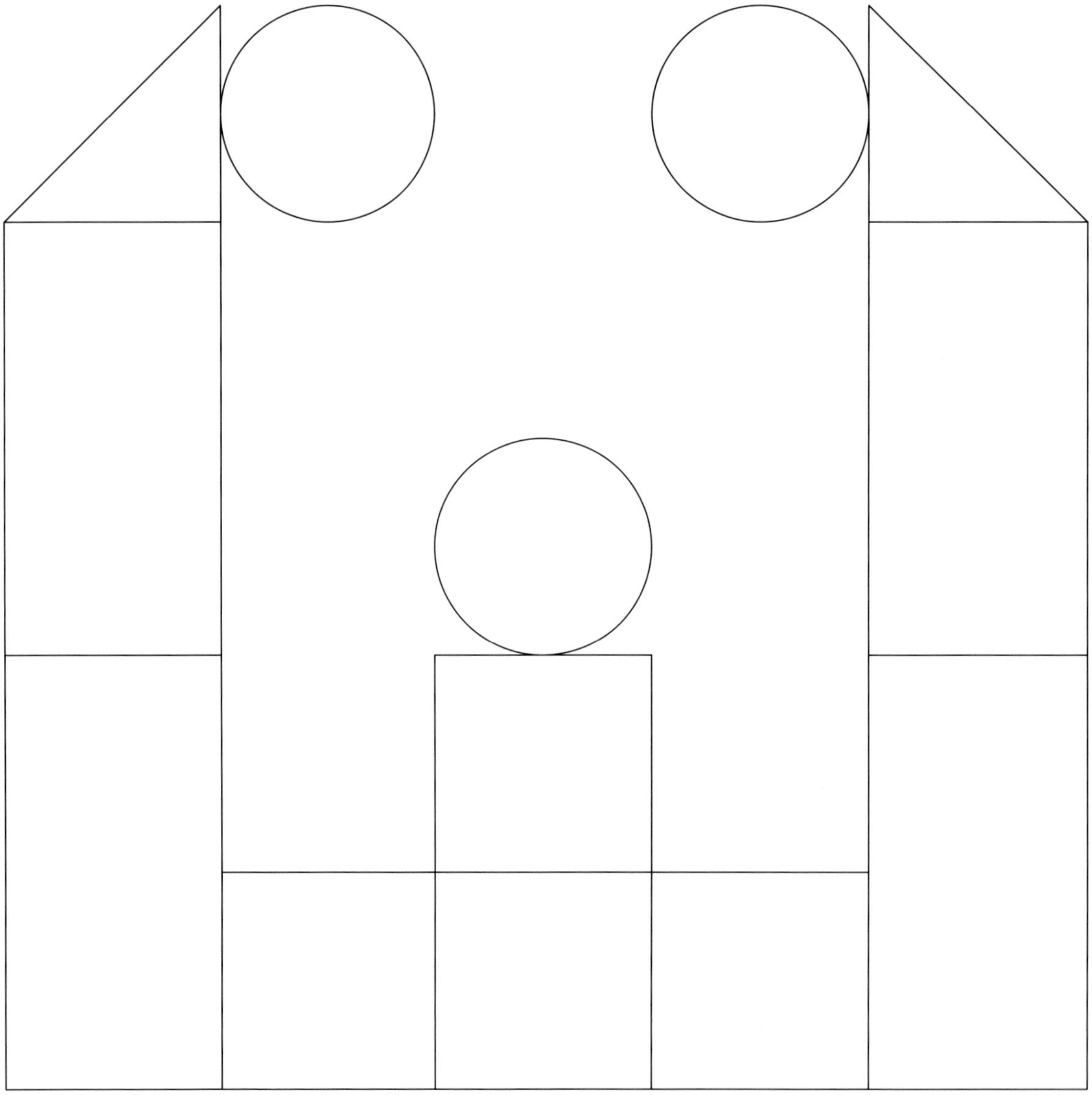

11 Flächen nachlegen 2

Lege die Flächen mit Legeplättchen nach.

Male anschließend an:
– Rechtecke = rot
– Quadrate = blau
– Kreise = gelb
– Dreiecke = grün

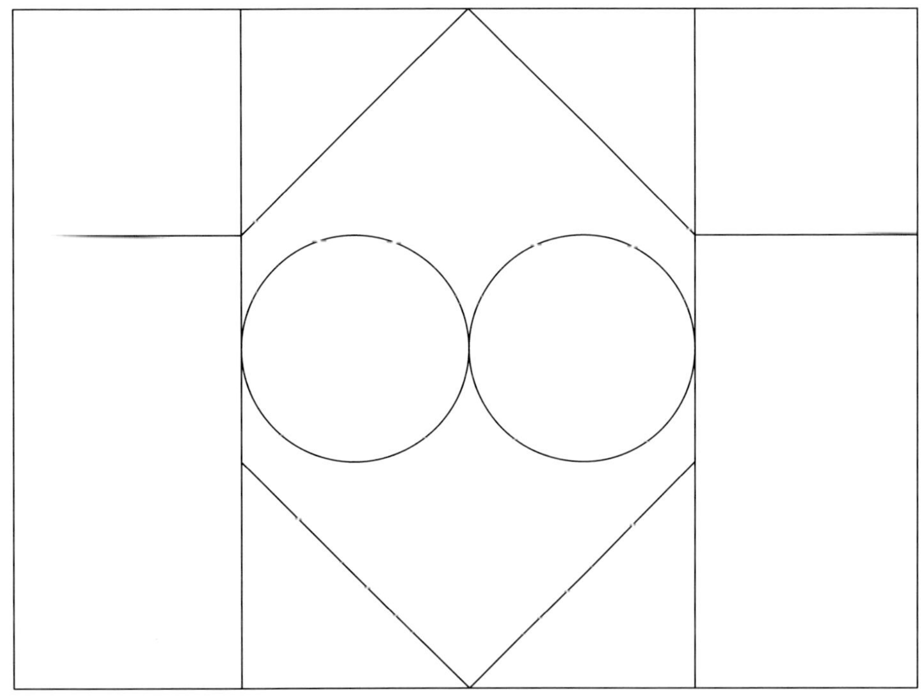

Flächen auslegen 1

Lege die Fläche mit Legeplättchen aus.

a) Zeichne die Lage der Plättchen auf dem Arbeitsblatt nach.

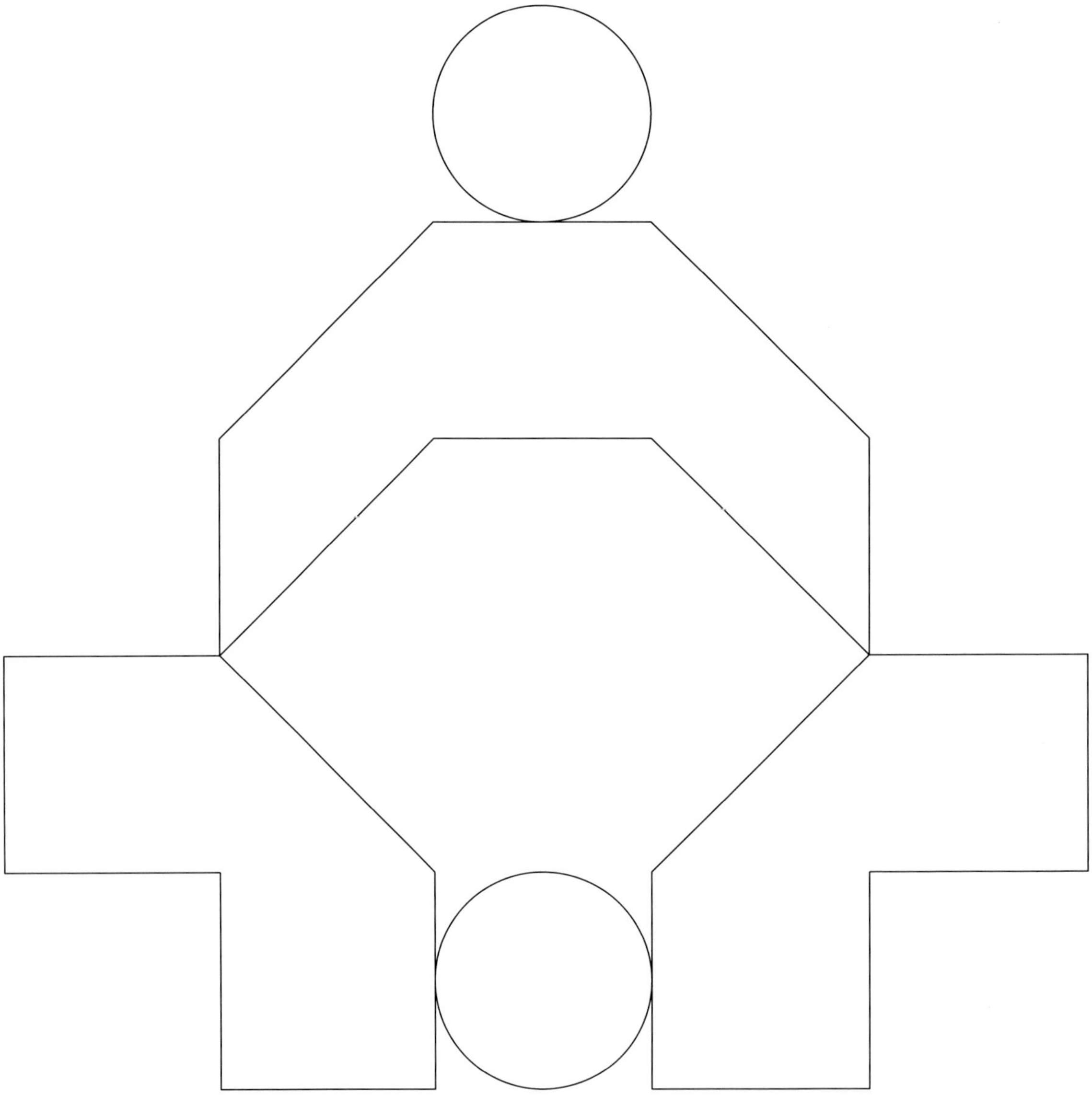

b) Aus welchen Teilflächen (Rechteck, Kreis ...) besteht die Fläche?
Wie viele Teile sind es jeweils (Beispiel: 6 Rechtecke)?

13 Flächen auslegen 2

Lege die Fläche mit Legeplättchen aus. Finde 2 Möglichkeiten.

Zeichne die Lage der Plättchen auf dem Arbeitsblatt nach.

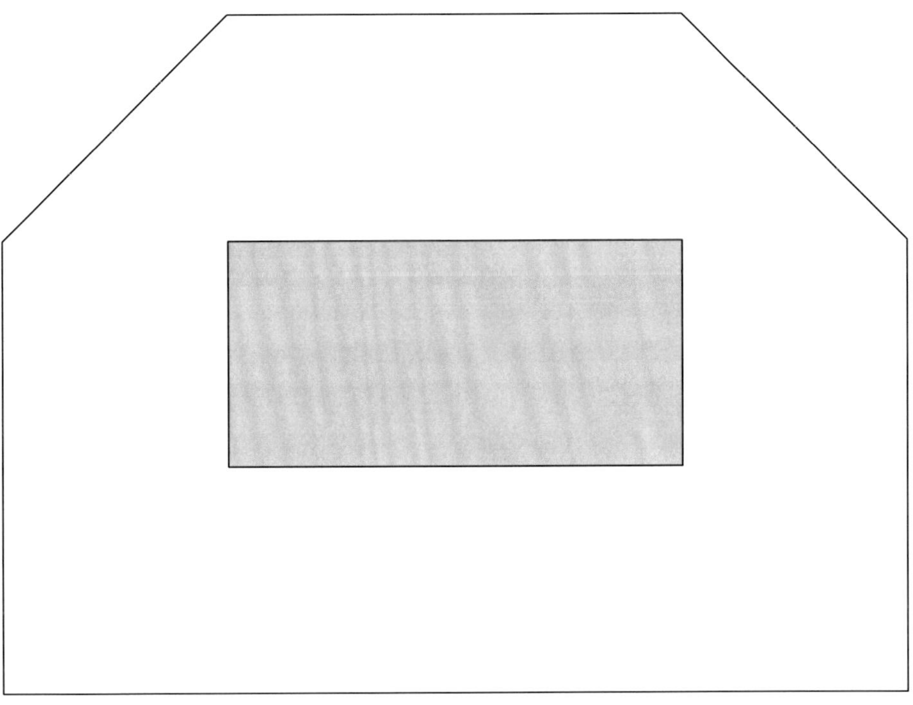

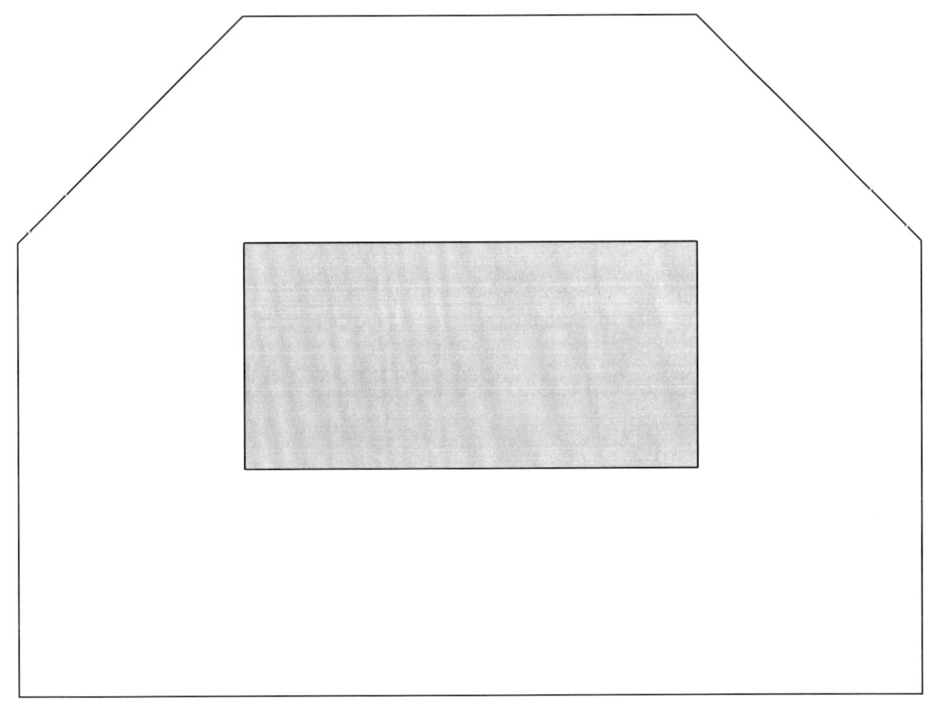

Flächen erfinden

Erfinde mit den Legeplättchen eine Fläche.

a) Umfahre die Fläche anschließend vorsichtig mit dem Bleistift.

b) Lass die Fläche von einem Mitschüler mit Legeplättchen auslegen.

Kopiervorlage „Legeplättchen“

Schneide die Legeplättchen vorsichtig aus.

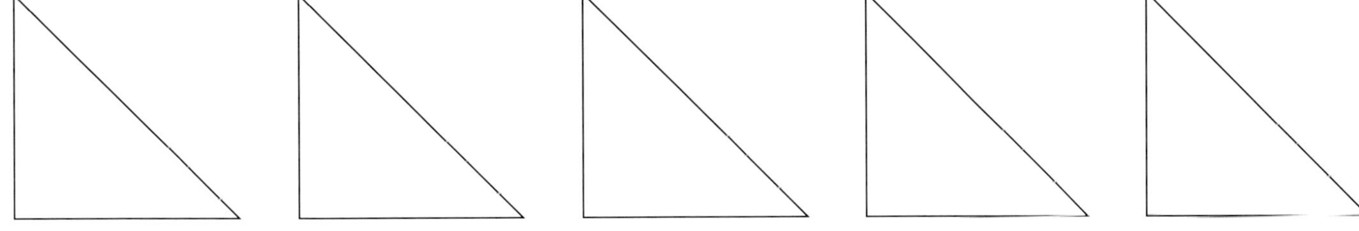

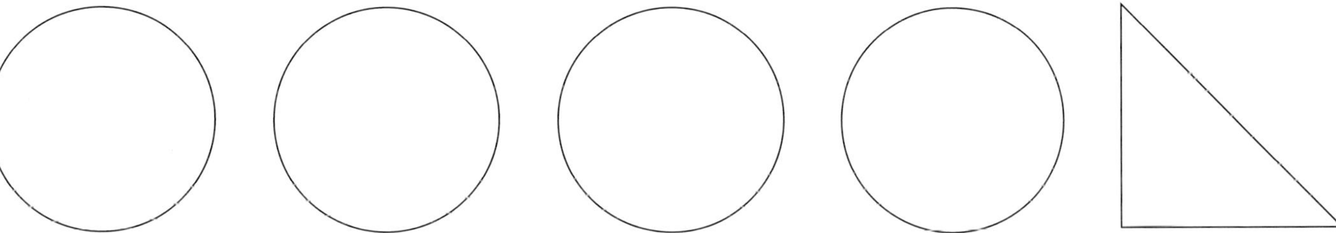

16 Flächen zerlegen 1

① **Male an:** größte Fläche = blau kleinste Fläche = rot
Schneide die Legeplättchen unten aus.
Aus wie vielen Quadraten bestehen die Flächen 1–3?

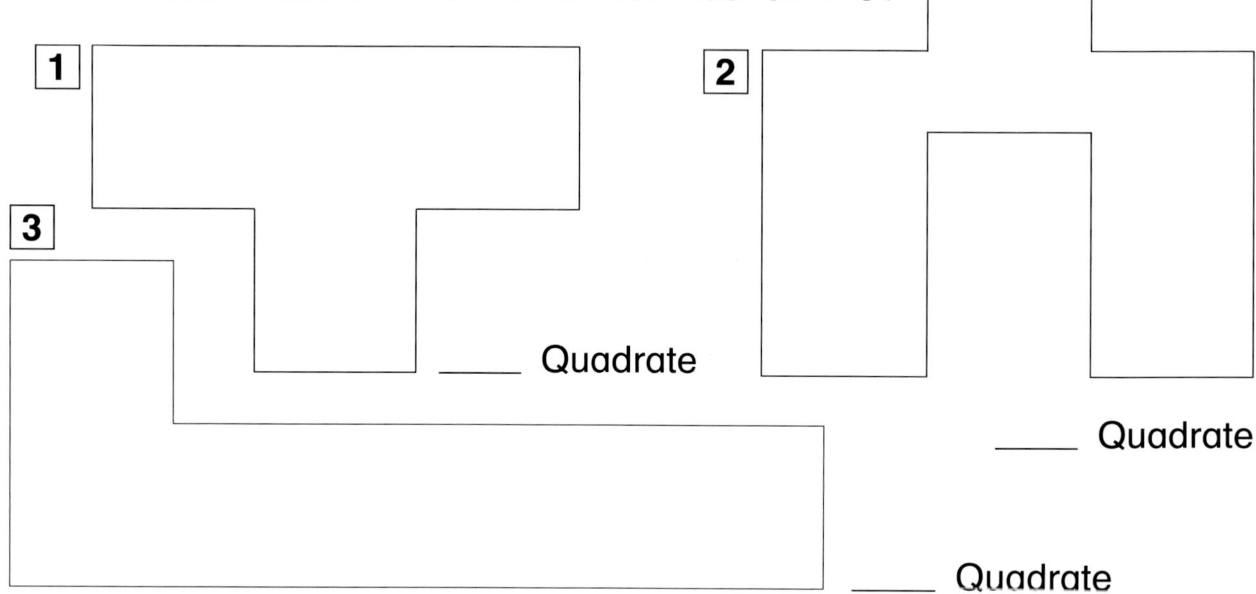

② Zeichne 3 Flächen, die jeweils aus 16 kleinen Quadraten bestehen.
Was kannst du über den Flächeninhalt der Flächen sagen?

____

____

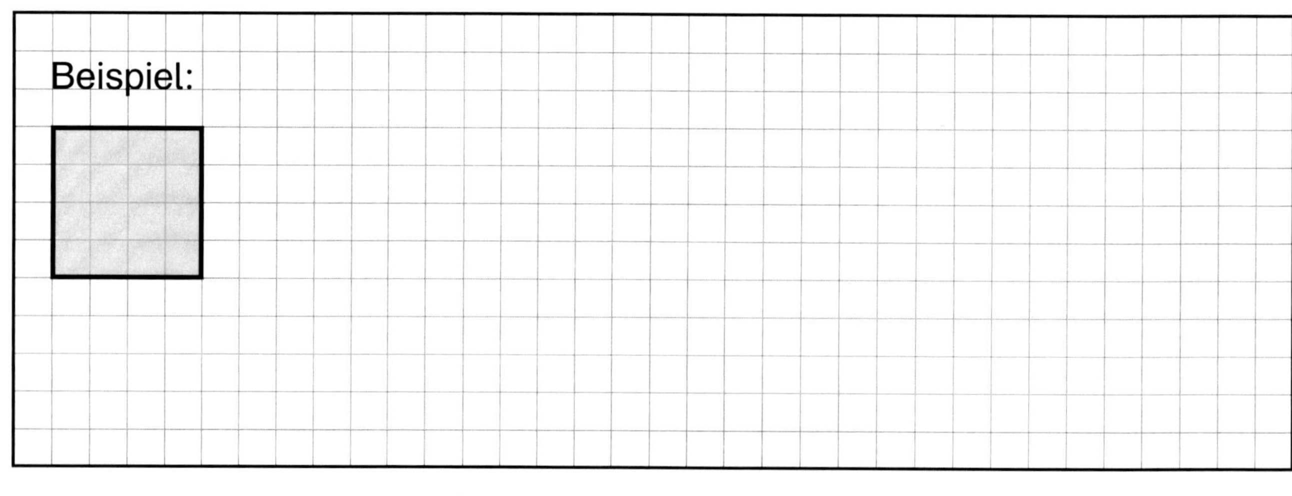

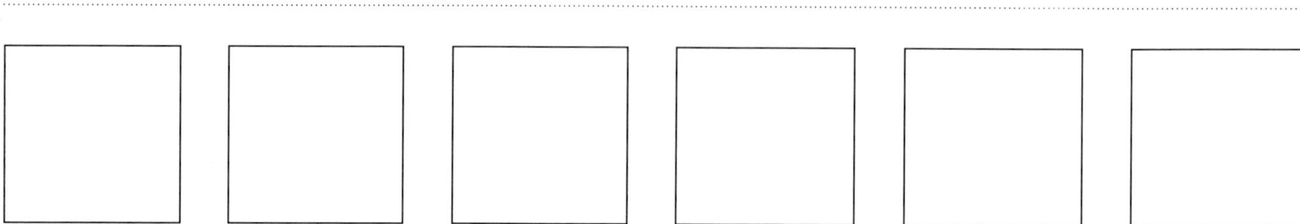

Flächen zerlegen 2

Aus wie vielen Quadraten bestehen die Flächen?
Zerlege die Flächen und vervollständige die Tabelle.

Fläche	A	B	C	D	E	F	G	H	I
□	*12*								
⊞	*3*								

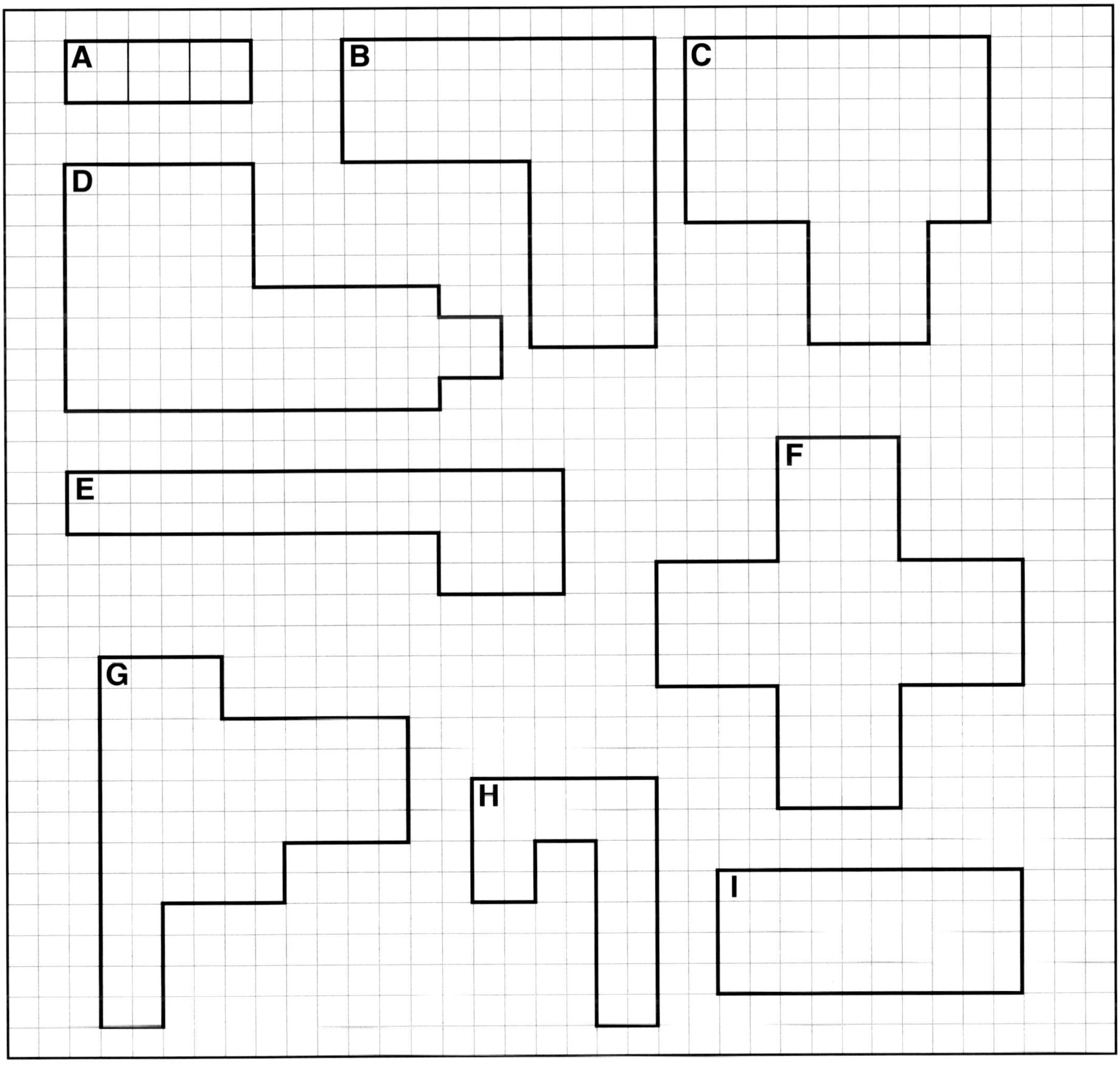

A B C D E F G H I

18 Flächen vergleichen 1

① **Ordne die Flächen der Größe nach. Beginne mit der kleinsten Fläche (G).**
Tipp: Zähle die Kästchen (Quadrate).

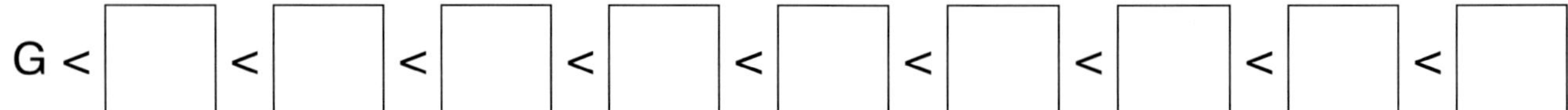

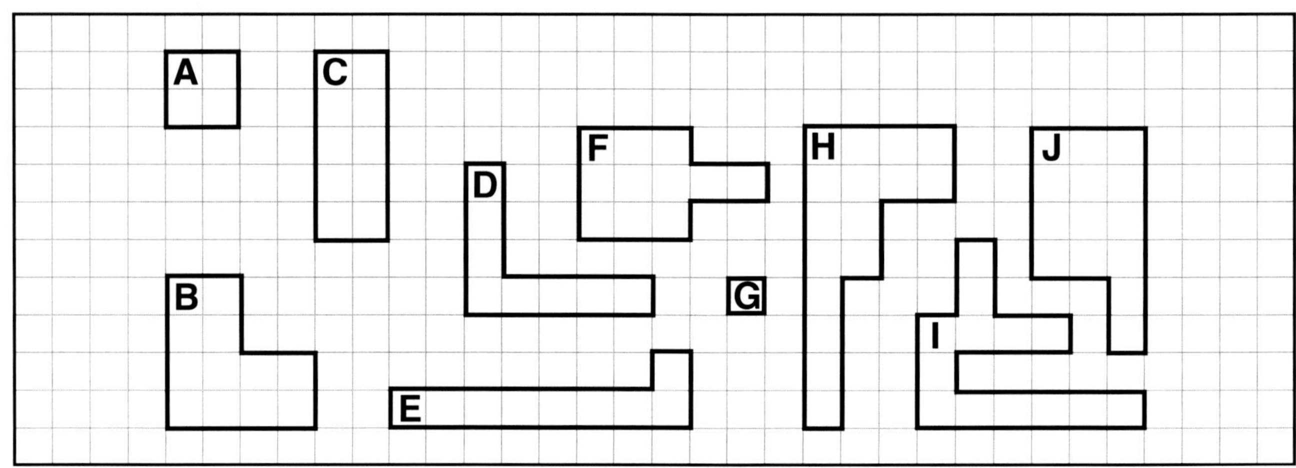

② **Ordne die Zimmer der Größe nach. Beginne mit dem kleinsten Zimmer.**
Tipp: Zeichne den Grundriss auf Karopapier ab!

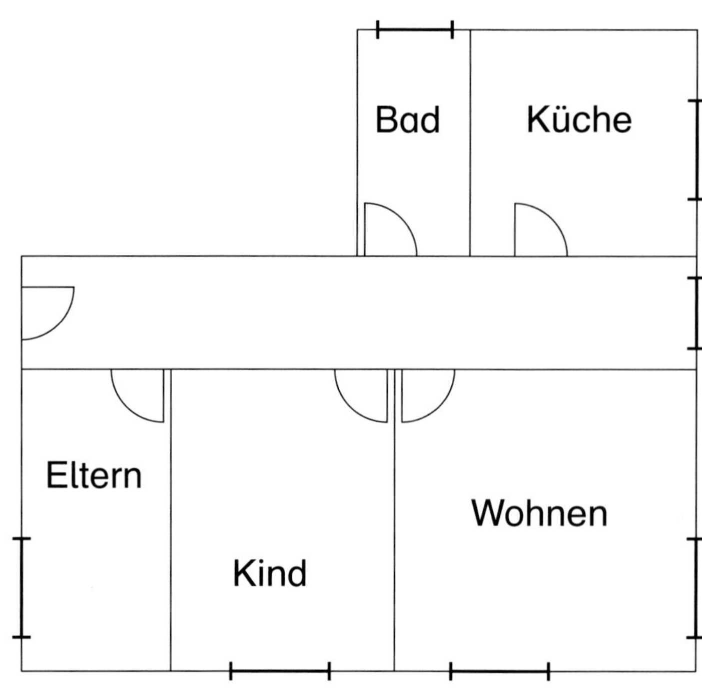

Flächen vergleichen 2

Schneide die Dreiecke unten aus und lege die Flächen aus. Welche Flächen haben den gleichen Flächeninhalt?

____

____

Tipp: Zähle die Dreiecke!

1 ____ Dreiecke

2 ____ Dreiecke

3 ____ Dreiecke

4 ____ Dreiecke

5 ____ Dreiecke

(20) Sachaufgaben 1

(1) **Zerlege mit einer Linie in 2 gleich große Flächen.**

a)

b)

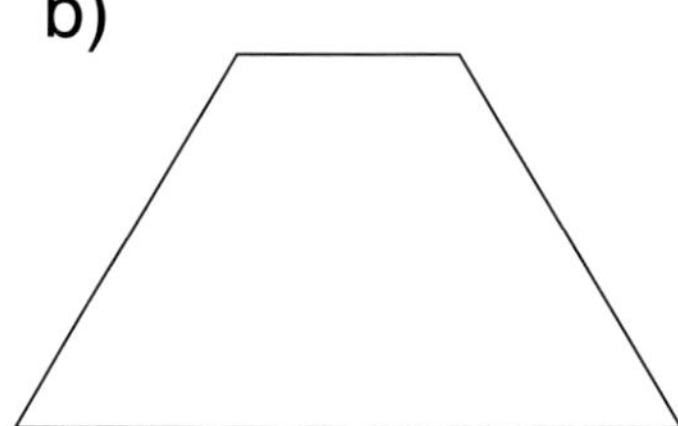

c)

(2) **Du möchtest Parkett verlegen. Berechne die Kosten für die Flächen.**

◺ = 50 €   ▭ = 200 €

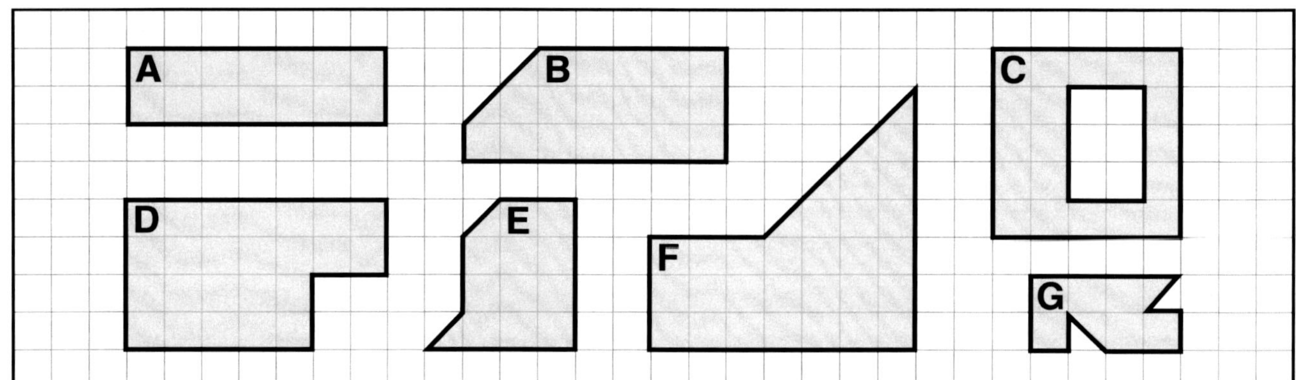

A: ______________________ **€**   **B:** ______________________ **€**

C: ______________________ **€**   **D:** ______________________ **€**

E: ______________________ **€**   **F:** ______________________ **€**

G: ______________________ **€**

(3) **Schneide die Quadrate aus. Falte ein Rechteck, ein Dreieck und ein Quadrat jeweils mit einem Flächeninhalt von 32 Quadraten.**

Tipp: Um ein Quadrat zu erhalten, musst du viermal falten!

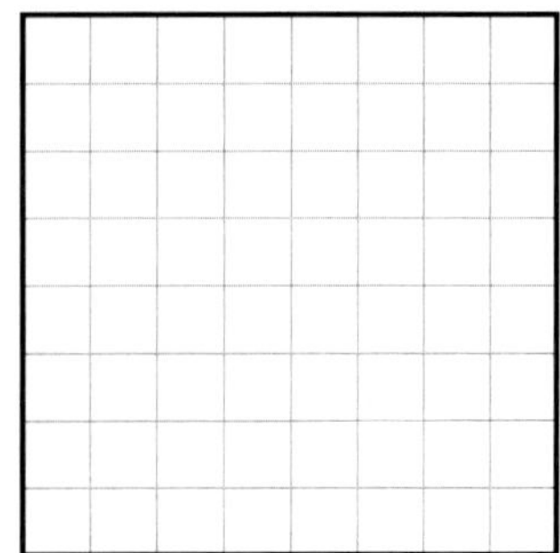

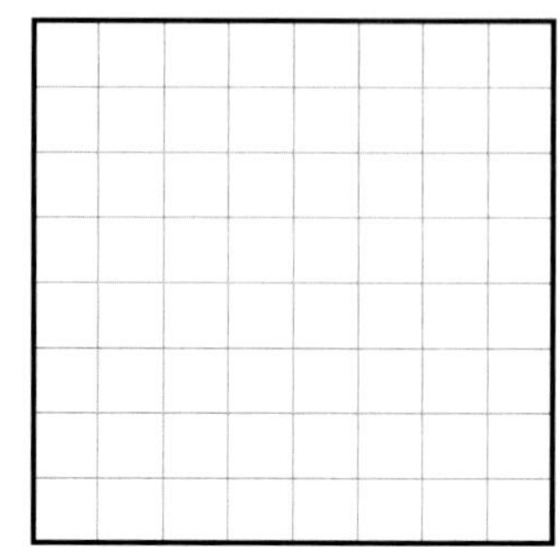

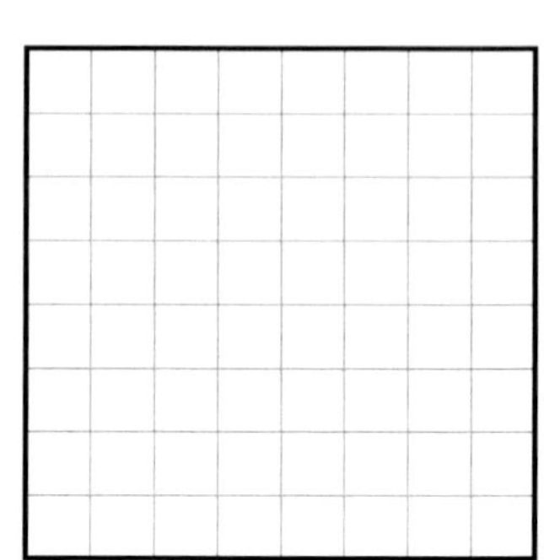

21 Sachaufgaben 2

1. Fliesenleger Franz möchte sein Wohnzimmer mit neuen Fliesen auslegen.
Eine Fliese ist rechtwinklig, 50 cm breit und 50 cm lang.

a) Welche Form haben die Fliesen? ____________________

b) Das Wohnzimmer ist 5 m lang und 6 m breit.
Wie viele Fliesen muss Franz einkaufen? (Tipp: Fertige eine Zeichnung auf Karopapier an! Eine Fliese entspricht dabei einem Kästchen.)

Antwort: ____

2. Die abgebildeten Häuserwände sollen neu gestrichen werden.
Für welche Hauswand wird die meiste (rot), für welche Hauswand die wenigste Farbe (blau) gebraucht.

Male die Abbildungen entsprechend an.

a)

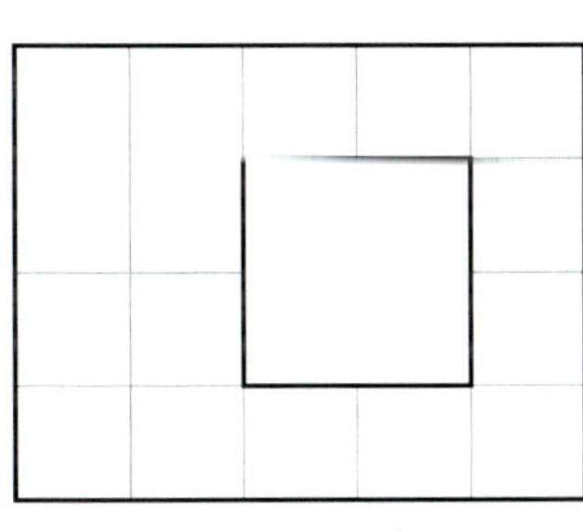

b)

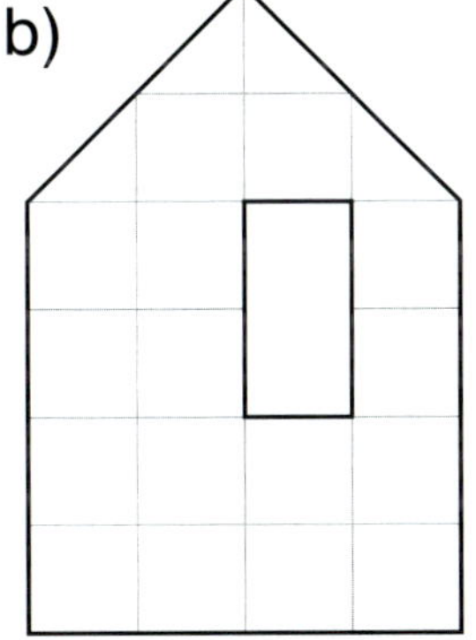

c)

_____ Kästchen _____ Kästchen _____ Kästchen

3. Gustav behauptet: Alle 3 gefärbten Flächen sind gleich groß!
Stimmt das? ☐ ja ☐ nein

Begründe!

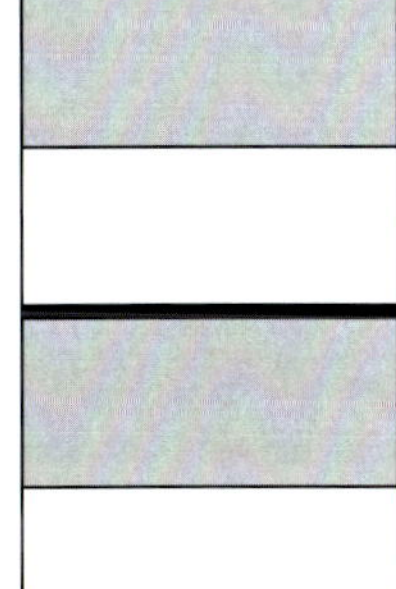

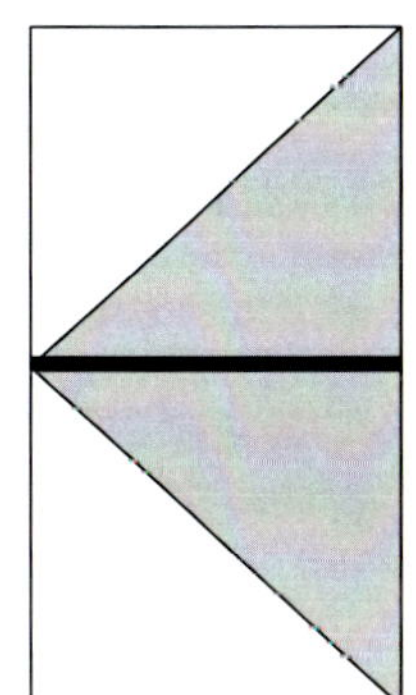

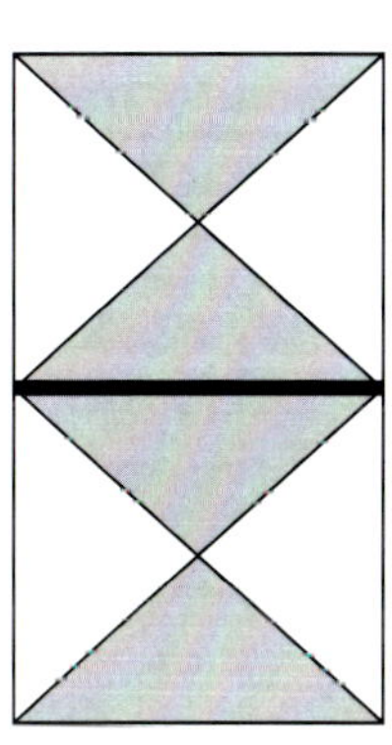

(22) Lernkontrolle – Flächen

Name: ____________________

Datum: ____________________

① Wie heißen die Flächen?

______ ______ ______ ______

② Zeichne eine Fläche mit 8, eine mit 10, eine mit 12 und eine mit 20 Karos.

③ Ordne die Flächen der Größe nach.
Beginne mit der größten Fläche.

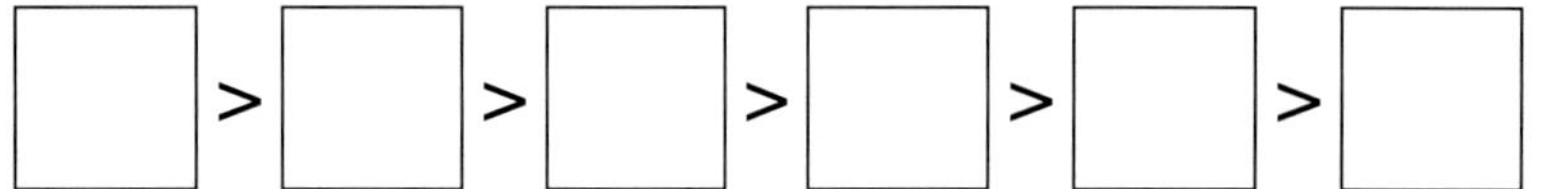

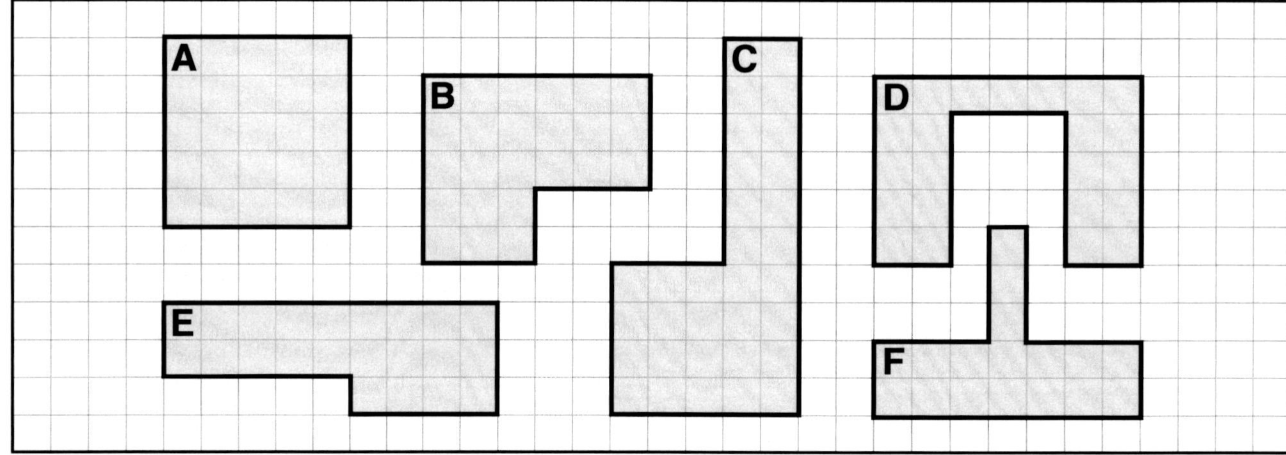

23 Gewichtsvergleich mit den Händen

① **Vergleiche das Gewicht mit beiden Händen.**

Trage ein: *ist schwerer als* *ist leichter als*

Lineal		Schwamm
Heft		Buch „PRIMA MATHE"
Zirkel		Radiergummi
Bleistift		Armbanduhr

② **Vergleiche das Gewicht mit beiden Händen. Ordne die Gegenstände nach dem Gewicht. Beginne mit dem leichtesten Gegenstand.**

Ranzen	Kreide	Füller	Schultisch	Mathe-matikbuch

③ **Schätze und unterstreiche:** schwere Gegenstände = rot
leichte Gegenstände = blau

Zahnstocher – Traktor – Baum – Serviette – Füller – Bus –

Schrank – Feder – Salatblatt – Spinne – Blatt Papier – Haus –

Fingerring – Kran – Haar – Pfred – Mücke – Socke – Mülltonne

(24) Gewichtsvergleich mit der Balkenwaage

(1) **Schätze das Gewicht und trage ein:** *ist leichter als* *ist schwerer als*

Malkasten		Anspitzer
Taschenrechner		Schere
Bleistift		Kugelschreiber
Lineal		Radiergummi

(2) Wiege die Gegenstände mit der Balkenwaage.
Benutze als Gewichte Schrauben.
Ordne die Gegenstände nach dem Gewicht und verbinde richtig.

Gegenstand	Anzahl der Schrauben	Verbinde!	
Rechenheft			1.) … ist am leichtesten
Bleistift			2.) … ist schwerer als 1.)
Filzstift			3.) … ist schwerer als 2.)
Klebestift			4.) … ist am schwersten

(3) Wie viele von den leichten Gegenständen brauchst du, damit sie zusammen so schwer sind wie die schweren?

1 Heft ist genauso schwer wie ______ Stifte.

1 Buch ist genauso schwer wie ______ Hefte.

____________________ ist genauso schwer wie ____________________.

25 Verschiedene Waagen

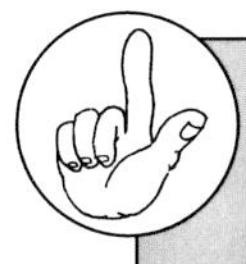

Das genaue Gewicht von Gegenständen, Lebewesen, Pflanzen und Lebensmitteln kann man mit einer Waage herausfinden.

Für unterschiedlich große Gewichte und Dinge gibt es verschiedene passende Waagen.

Zum Wiegen mit einer Balkenwaage benötigt man verschiedene Gewichtsstücke.

① Verbinde die Gewichtsangaben mit den passenden Gewichtsstücken.

200 g	20 g	5 kg	2 kg	100 g	50 g	10 g	1 g	500 g	2 g	1 kg	5 g

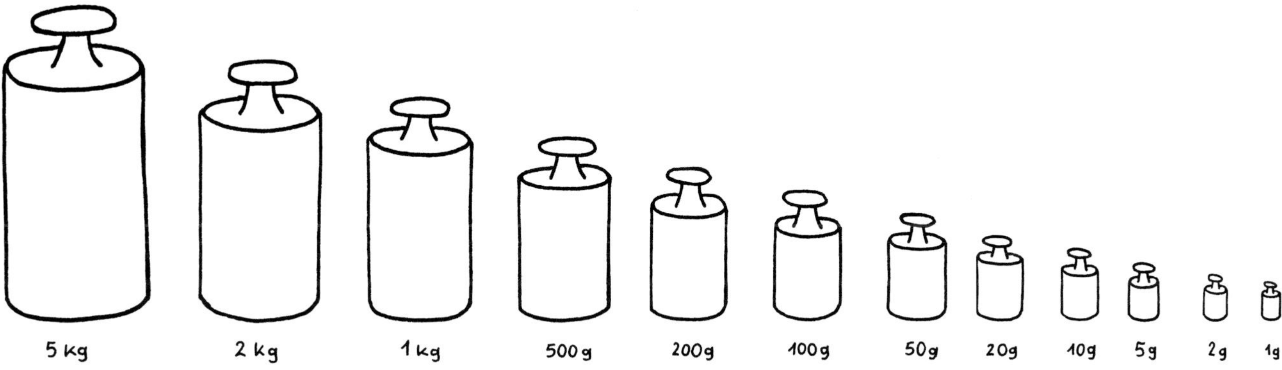

② Beschrifte die Waagen!

Paketwaage	Obst- und Gemüsewaage	Babywaage	Personenwaage
Fleischwaage	Briefwaage	Balkenwaage	Küchenwaage

a) 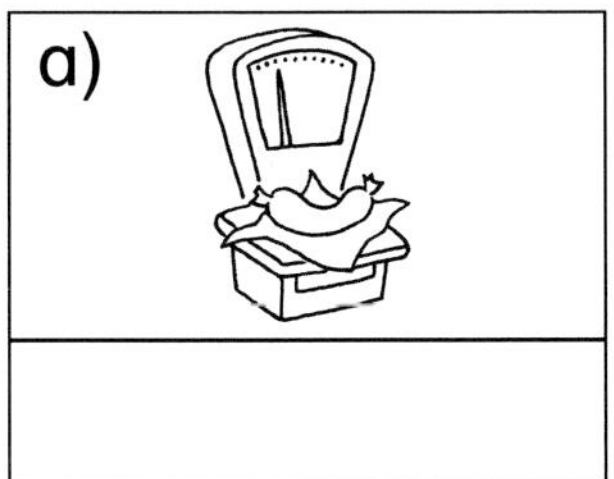	b) 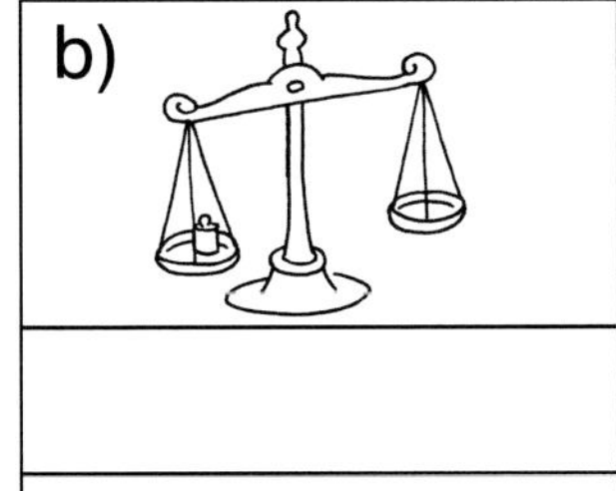	c) 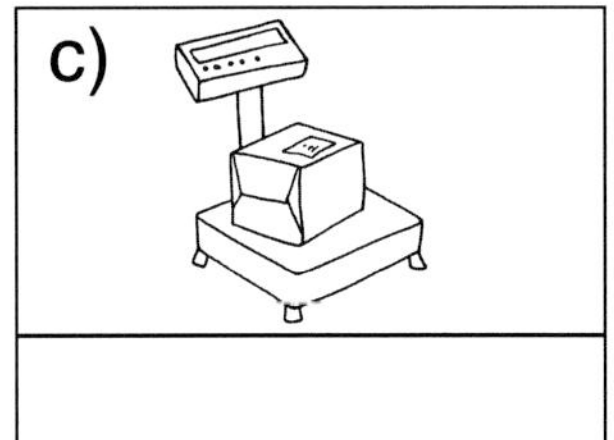	d) 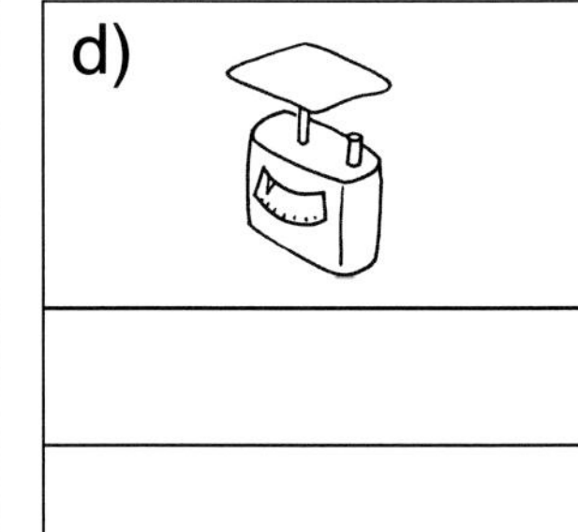
e) 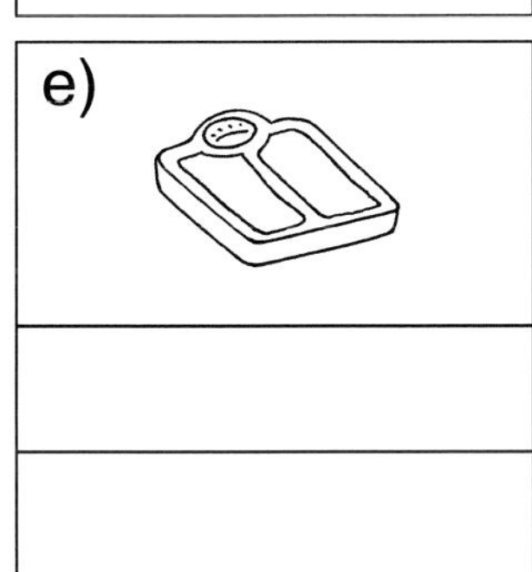	f) 	g) 	h) 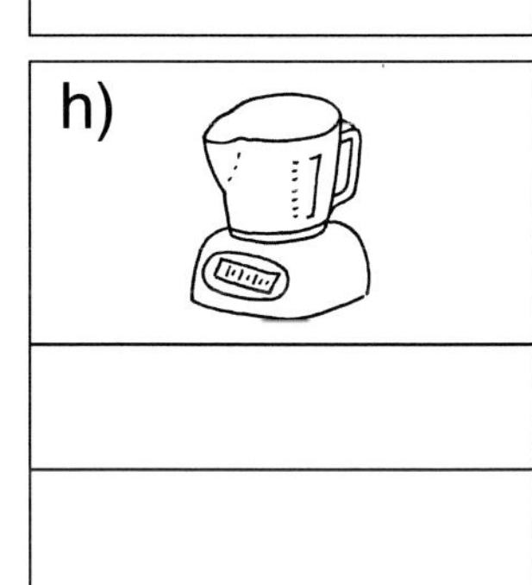

26 Das Gramm

① **Suche Gegenstände, die etwa 1 g wiegen.**
Benutze eine Balkenwaage, eine Briefwaage oder eine Küchenwaage.

________________, ________________, ________________

② a) **Schätze und verbinde!**

  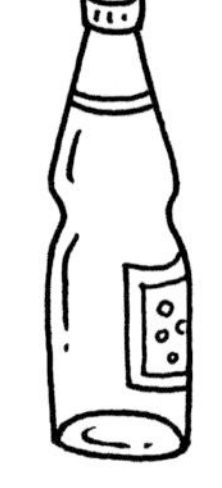   

300 g	150 g	15 g	600 g	100 g	2 g

b) **Ordne die Gewichte der Größe nach.**

____ < ____ < ____ < ____ < ____ < ____

③ **Mit welchen Gewichtsstücken kannst du diese Gewichte auswiegen?**
Beispiel: 80 g = 50 g + 20 g + 10 g

a) 115 g = 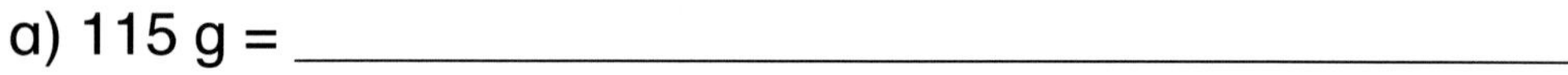

b) 536 g = 

c) 999 g = 

④ **Wiege mit einer Balkenwaage oder einer Küchenwaage.**

1 Farbkasten	= ______ g	1 Zirkel	= ______ g
1 Tafelschwamm	= ______ g	1 Klebestift	= ______ g
1 Lineal	= ______ g	1 Rechenheft	= ______ g
1 Anspitzer	= ______ g	1 Schere	= ______ g

(27) Aufgaben rund um das Gramm

(1) Welche Gewichtsangaben können richtig sein? Kreise ein!

1 Mann	500 g	1 Tafel Schokolade	100 g
1 Reißzwecke	1 g	1 Packung Mehl	100 g
1 Packung Butter	250 g	1 Radiergummi	900 g

(2) Wie viel wiegt der Inhalt der Pakete?

a)

Schokolade	100 g
Kuchen	500 g
Puderzucker	60 g
Marzipan	130 g

= ______ g

b)

Chips	250 g
Salzstangen	200 g
Erdnüsse	80 g
Kekse	250 g

= ______ g

(3) a) Jasmin möchte Kuchen backen. Sie füllt in eine Schüssel 450 g Mehl, 150 g Butter, 50 g Mondamin, 225 g Zucker und 30 g Kakao.

Frage: ______________________________

Rechnung: ______________________________

Antwort: ______________________________

b) Miriam soll beim Metzger 600 g Hackfleisch kaufen.
Die Waage zeigt 348 g an.

Frage: ______________________________

Rechnung: ______________________________

Antwort: ______________________________

(28) Das Kilogramm

Ein Kilogramm = tausend Gramm
1 kg = 1000 g

(1) **Suche Lebensmittel, die etwa 1 kg wiegen.**
Benutze eine Balkenwaage oder eine Küchenwaage.

____________________, ____________________, ____________________

(2) a) **Schätze und verbinde!**

30 kg	2 kg	1 kg	500 kg	10 kg	35 kg

b) **Ordne die Gewichte der Größe nach.**

_____ < _____ < _____ < _____ < _____ < _____

(3) Entscheide dich:
Wiege mit einer Küchenwaage oder einer Personenwaage.

1 Mitschüler = ________ kg   1 Blumentopf = ________ kg

1 großes Buch = ________ kg   1 Schulranzen = ________ kg

(4) **Welche Gewichtsangaben können richtig sein? Kreise ein!**

1 Mann	80 kg	1 Tafel Schokolade	10 kg
1 Baby	35 kg	2 Packungen Zucker	2 kg
1 Schäferhund	1000 kg	10 Milchtüten	10 kg

29 Aufgaben rund um das Kilogramm

① Berechne!

a) 250 kg + 300 kg = ______ kg
546 kg + 400 kg = ______ kg
753 kg + 132 kg = ______ kg
409 kg + 478 kg = ______ kg
583 kg + 75 kg = ______ kg
89 kg + 334 kg = ______ kg

b) 900 kg – 600 kg = ______ kg
780 kg – 360 kg = ______ kg
696 kg – 523 kg = ______ kg
457 kg – 284 kg = ______ kg
807 kg – 258 kg = ______ kg
944 kg – 87 kg = ______ kg

② Berechne!

a) 583 kg + ______ kg = 800 kg
375 kg + ______ kg = 548 kg
437 kg + ______ kg = 864 kg

b) 753 kg – ______ kg = 253 kg
835 kg – ______ kg = 331 kg
953 kg – ______ kg = 236 kg

③

a) Anne kauft 1 kg Bananen, 3 kg Äpfel, 2 kg Möhren, 2 kg Tomaten und 5 kg Kartoffeln.

Frage: ______________________

Rechnung: ______________________

Antwort: ______________________

b) Tobias hat 440 kg Kartoffeln geerntet. Er verkauft 225 kg.

Frage: ______________________

Rechnung: ______________________

Antwort: ______________________

30 Wiegen mit Gramm und Kilogramm

① **Wie schwer sind die Waren? Schreibe ihr Gewicht in die Waagen.**

a)
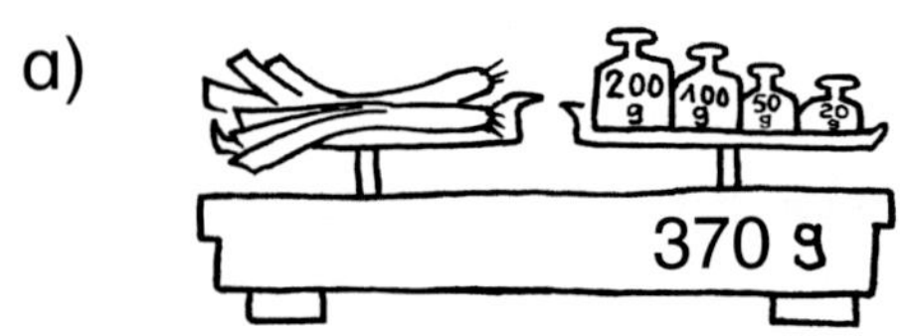

b)
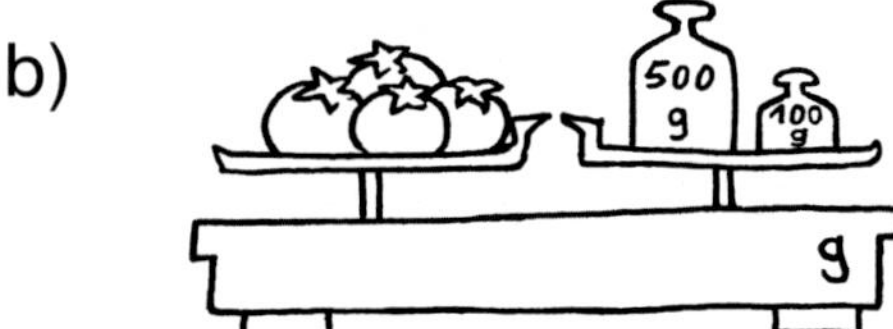

c)

d)

e)

f)
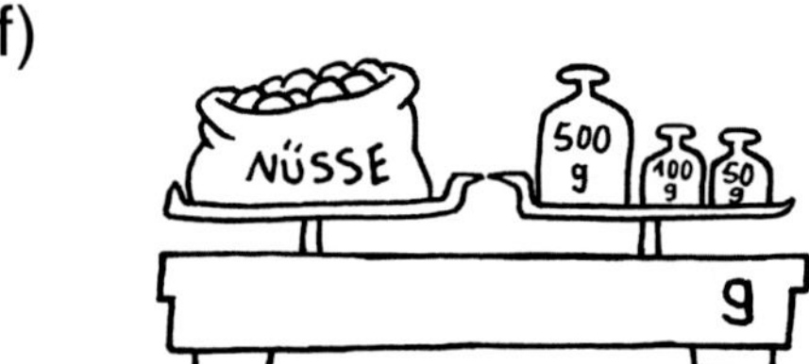

② **Welche Gewichte musst du dazulegen, damit die Waagen ins Gleichgewicht kommen? Schreibe die Gewichte unter die Waagen.**

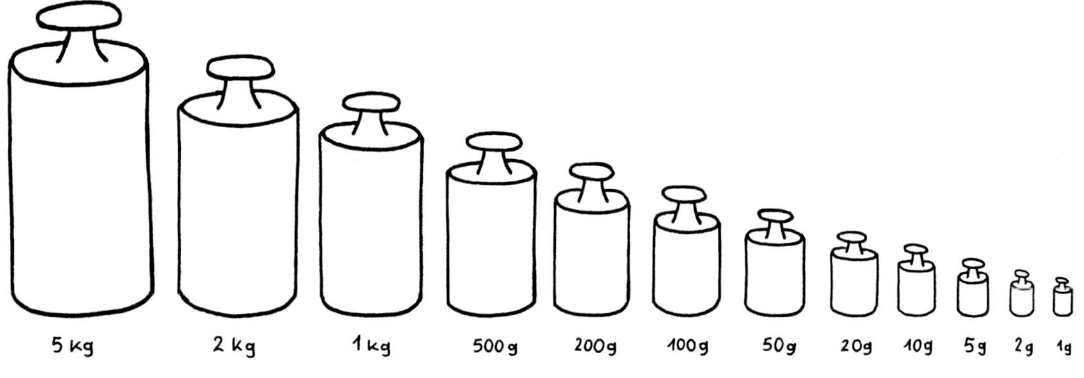

a)

b)
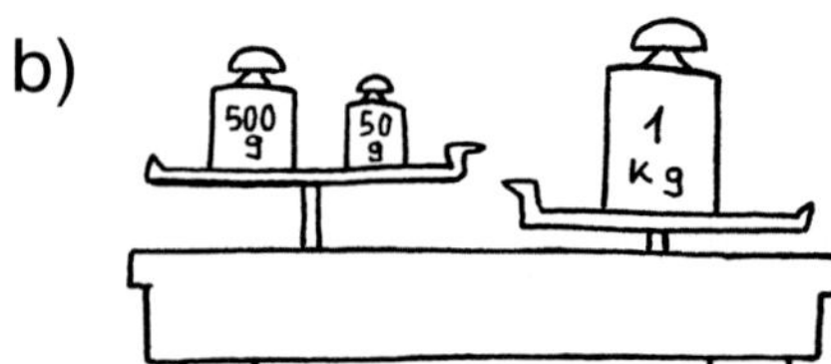

____________________ ____________________

c)

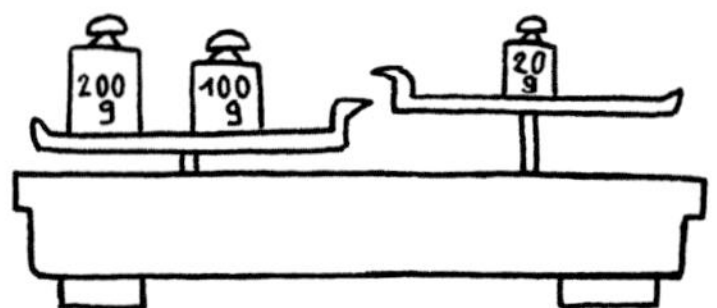

d)
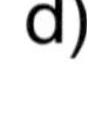
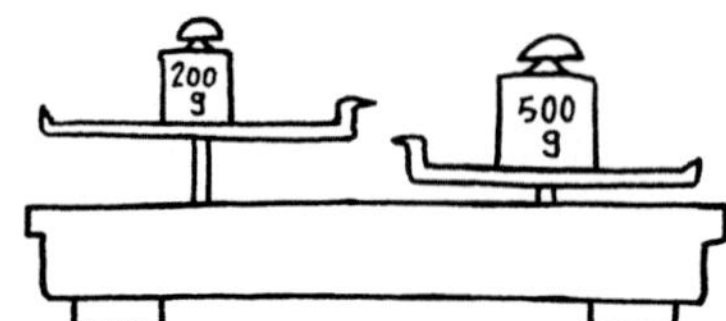

____________________ ____________________

31 Rechnen mit Gramm und Kilogramm 1

① Wandle um! Schreibe auf ein extra Blatt.

1 kg = 1000 g	1000 g = 1 kg	1 kg 342 g = 1342 g	1200 g = 1 kg 200 g

a)	b)	c)	d)
3 kg = _____ g	4000 g = __ kg	2 kg 450 g = _____ g	8500 g = __ kg _____ g
5 kg = _____ g	9000 g = __ kg	5 kg 785 g = _____ g	6400 g = __ kg _____ g
7 kg = _____ g	3000 g = __ kg	1 kg 976 g = _____ g	7530 g = __ kg _____ g
10 kg = _____ g	2000 g = __ kg	6 kg 55 g = _____ g	8641 g = __ kg _____ g

② Wandle um!

Das Komma trennt kg und g. 3 kg 560 g = 3,560 kg	Das Komma trennt kg und g. 5767 g = 5,767 kg

a)	b)
2 kg 847 g = ____________ kg	8473 g = ____________ kg
7 kg 683 g = ____________ kg	9036 g = ____________ kg
6 kg 35 g = ____________ kg	1572 g = ____________ kg
5 kg 936 g = ____________ kg	9385 g = ____________ kg

③ Ergänze!

Schreibe in:						
g	4100 g	7348 g				
kg und g	4 kg 100 g		3 kg 61 g			9 kg 123 g
kg	4,100 kg			6,450 kg	7,093 kg	

④ Ordne der Größe nach. Beginne mit dem kleinsten Gewicht.

7 kg	463 kg	9200 g	3,405 kg	8 kg 65 g	2534 g	10 kg

(32) Rechnen mit Gramm und Kilogramm 2

(1) Setze <, > oder = ein!

a)

3 kg	☐	2 kg 544 g
1 kg 56 g	☐	1056 g
2345 g	☐	7 kg 345 g
4 kg 169 g	☐	4,169 kg

b)

6,203 kg	☐	5 kg 415 g
9003 g	☐	9 kg 1 g
0,342 kg	☐	342 g
6 kg 932 g	☐	10 kg

(2) Ergänze zu einem Kilogramm.

a) 400 g + ________ = 1 kg

350 g + ________ = 1 kg

846 g + ________ = 1 kg

b) ________ + 653 g = 1 kg

________ + 251 g = 1 kg

________ + 847 g = 1 kg

(3) Berechne!

a) 3 kg 460 g + 120 g = ________

6 kg 578 g + 322 g = ________

7 kg 935 g + 65 g = ________

b) 6 kg 590 g – 230 g = ________

9 kg 785 g – 490 g = ________

4 kg 234 g – 234 g = ________

(4) Klaus bereitet einen Salat zu:
500 g Salatsoße, 1 kg Kartoffeln, 450 g Gurken, 200 g Zwiebeln und 0,3 kg Speck.
Die Schüssel wiegt 3,2 kg.

Wie viele Kilogramm muss Klaus tragen, wenn er den Salat zum Tisch trägt?

Rechnung: ______________________________________

____

Antwort: ______________________________________

33 Die Tonne

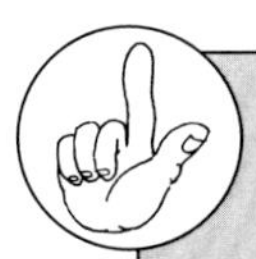

Eine Tonne = tausend Kilogramm
1 t = 1000 kg

① **Schätze: Was wiegt in etwa 1 t?**

____

② **Von welchen Dingen wird das Gewicht in Tonnen angegeben? Kreise ein!**

Kran *Flugzeug* *Hundefutter* *Bus* *Katzenstreu*

Hamster *Schotter* *Kind* *Elefant* *Hund*

③ a) **Schätze und verbinde!**

40 t	3 t	5 t	1 t

b) **Ordne die Gewichte der Größe nach.**

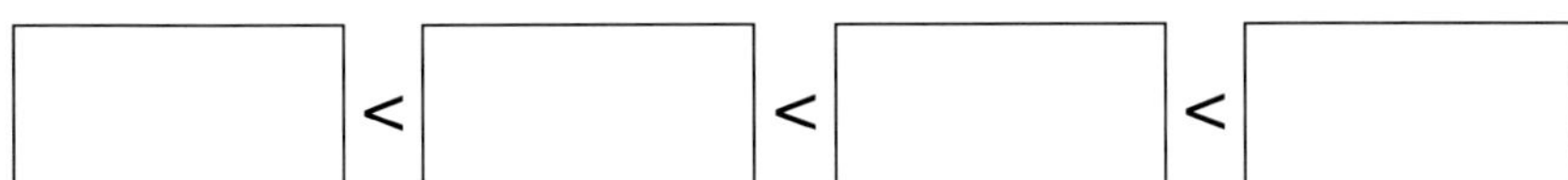

④ **Welche Gewichtsangaben können richtig sein? Kreise ein!**

1 Auto	1 t	1 Meerschweinchen	2 t
1 Mensch	2 t	1 Riesenhai	4 t
1 Fernseher	1 t	1 Lastwagen	11 t

34 Aufgaben rund um die Tonne

① Wandle um! Schreibe auf ein extra Blatt.

1 t = 1000 kg	1000 kg = 1 t	1 t 367 kg = 1367 kg	1600 kg = 1 t 600 kg
a)	b)	c)	d)
4 t = _____ kg	3000 kg = __ t	1 t 900 kg = _____ kg	3600 kg = __ t _____ kg
6 t = _____ kg	4000 kg = __ t	7 t 473 kg = _____ kg	8605 kg = __ t _____ kg
9 t = _____ kg	8000 kg = __ t	2 t 798 kg = _____ kg	1400 kg = __ t _____ kg
10 t = _____ kg	6000 kg = __ t	5 t 44 kg = _____ kg	7325 kg = __ t _____ kg

② Wandle um!

Das Komma trennt t und kg. 1 t 320 kg = 1,320 t	Das Komma trennt t und kg. 5767 kg = 5,767 t
a)	b)
6 t 345 kg = ____________ t	3645 kg = ____________ t
7 t 736 kg = ____________ t	6435 kg = ____________ t
8 t 35 kg = ____________ t	5500 kg = ____________ t
0 t 452 kg = ____________ t	4532 kg = ____________ t

③ Ergänze!

Schreibe in:						
kg	2300 kg	4356 kg				7534 kg
t und kg	2 t 300 kg		2 t 500 kg		9 t 235 kg	
t	2,300 t			7,093 t		

④ Ordne der Größe nach. Beginne mit dem kleinsten Gewicht.

9 kg	3245 kg	831 t	2 t	1,405 t	9 kg 675 g	1000 kg

(35) Rechnen mit Tonne und Kilogramm

① Setze <, > oder = ein!

a)

9000 kg	☐	9 t 544 kg
1 t 200 kg	☐	0,445 t
4567 kg	☐	7 t 567 kg
8 t 834 kg	☐	8,834 t

b)

4,255 t	☐	4255 kg
3500 kg	☐	3 t 5 g
0,456 t	☐	456 kg
2 t 432 kg	☐	10 t

② Ergänze zu 1 t.

a)

234 kg + ________ = 1 t

________ + 673 kg = 1 t

856 kg + ________ = 1 t

b)

________ + 570 kg = 1 t

346 kg + ________ = 1 t

________ + 999 kg = 1 t

③ Berechne!

a)

5 t 200 kg + 730 kg = ________

8 t 750 kg + 243 kg = ________

7 t 937 kg + 89 kg = ________

b)

8 t 590 kg – 230 kg = ________

5 t 785 kg – 490 kg = ________

9 t 454 kg – 454 kg = ________

④ Eine Giraffe (1300 kg) und ein Nashorn (3800 kg) sollen in einen anderen Zoo gefahren werden.

Wie viele Tonnen muss der Lastwagen transportieren?

Rechnung: ____

Antwort: ____

36 Umwandlungsaufgaben

① **Gramm und Kilogramm. Wandle um!**

a)

1100 g = ______ kg

7800 g = ______ kg

1820 g = ______ kg

b)

7,400 kg = ______ g

3,570 kg = ______ g

5,035 kg = ______ g

1000 g 1 kg	100 g	10 g	1 g	
1	8	0	0	g
1,	8	0	0	kg

② **Kilogramm und Tonne. Wandle um!**

a)

2000 kg = ______ t

7500 kg = ______ t

9975 kg = ______ t

b)

3,800 t = ______ kg

5,005 t = ______ kg

0,043 t = ______ kg

1000 kg 1 t	100 kg	10 kg	1 kg	
5	3	0	0	kg
5,	3	0	0	t

③ **Der beladene Lastwagen wiegt 2700 kg. Darf er über die Brücke fahren?**

Antwort: ______________________________

Begründe: ______________________________

____

____

④ **Wandle die Gewichte in kg um. Ordne sie dann. Beginne mit dem leichtesten Gewicht.**

950 g	1,020 t	1 kg 400 g	0,004 t	1060 kg	95 g	2 kg

in kg:

0,950 kg ______________________________

geordnet:

____

37 Sachaufgaben 1

① **Wie schwer sind die Kisten zusammen?**

a)

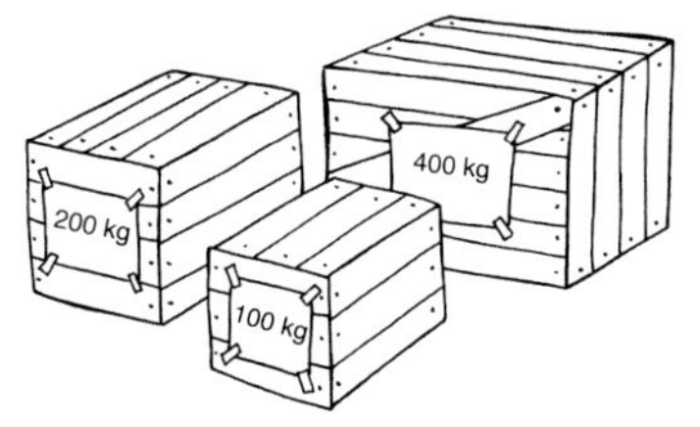

_____ kg = _____ t

b)

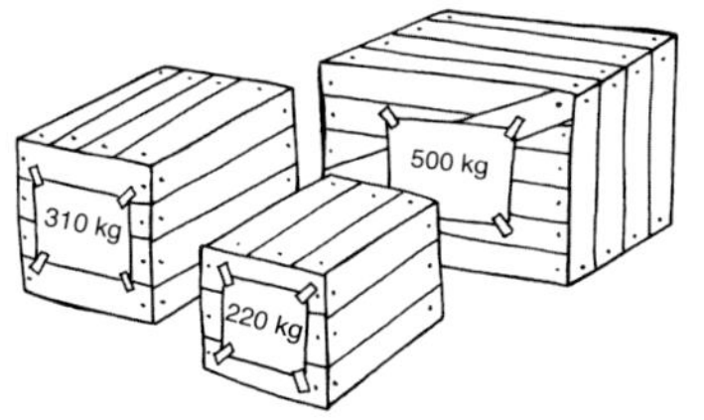

_____ kg = _____ t

c)

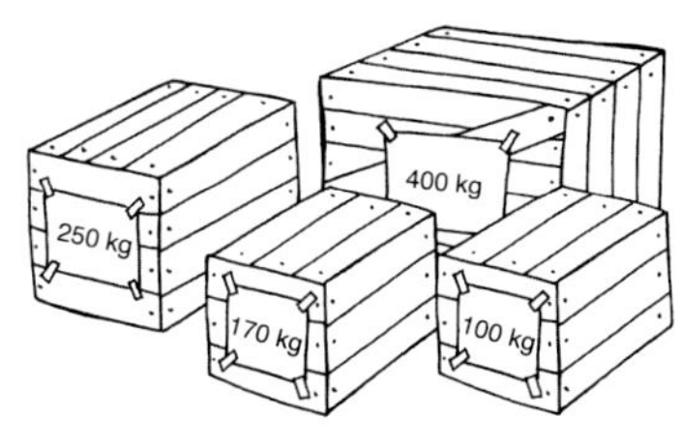

_____ kg = _____ t

② Ein Lastwagen wiegt unbeladen 1,9 t. Er darf beladen höchstens 2,8 t wiegen. Eine Getränkekiste wiegt 10 kg.

Ladegewicht	Leergewicht	Gesamtgewicht

a) **Darf der Lastwagen mit 35 Kisten beladen werden?**

Rechnung: ______________________________

Antwort: ______________________________

b) **Wie viele Kisten dürfen höchstens geladen werden?**

Rechnung: ______________________________

Antwort: ______________________________

③ Ein Blatt DIN-A4-Papier wiegt ungefähr 6 g.

a) Wie viel wiegen 500 Blatt Papier? ______________________________

b) Herr Müller wiegt 111 kg. Wie vielen Blättern Papier entspricht dies?

____

c) Und du? Wie vielen Blättern Papier entsprichst du? ______________________________

____

(38) Sachaufgaben 2

Rechne die Aufgaben in deinem Heft!

(1) Ordne der Größe nach. Beginne mit dem kleinsten Gewicht.

3,456 kg	2398 g	2,444 t	999 kg	123 g
7 kg 342 g	7899 kg	5,721 t		

(2) In einem Paket befinden sich 25 Packungen Kekse zu je 250 g.
Wie schwer ist das Paket?

(3) Martin, Andrea und Anne wiegen zusammen 170 kg.
Anne wiegt 20 kg. Andrea wiegt dreimal so viel wie Anne.
Wie schwer ist Martin?

(4) Ein Elefant frisst am Tag 50 kg Heu und 20 kg Kraftfutter.

a) Wie viele Tage braucht ein Elefant, um 1 t Heu zu fressen?

b) Wie viele Tage braucht ein Elefant, um 1 t Kraftfutter zu fressen?

c) Wie viele Kilogramm Heu frisst ein Elefant in einem Monat (31 Tage)?

(5) Ein Lastwagen darf 7,5 t laden.
Er lädt 5 Kisten zu je 500 kg.
Darf er die Kisten alle laden?

(6) Ein Lastwagen hat 14 t Schotter geladen.
Die Hälfte lädt er ab.
Wie viele Tonnen lädt er ab?

(7) 8 Lastwagen mit Anhänger liefern jeweils 25 t Baustoffe an eine Baustelle.
Wie viele Tonnen Baustoffe werden geliefert?

(8) Ein Kleintransporter muss 126 t Schotter an eine Baustelle liefern.
Er darf 3 t laden. Wie oft muss er fahren?

(39) Lernkontrolle – Gewichte

Name: ____________________

Datum: ____________________

(1) Berechne!

4835 kg	–		=	1878 kg

(2) Wie schwer sind die Einkaufstaschen?

a)

____

b)

____

c)

____

d)

____

(3) Ergänze!

Schreibe in:					
g	3849 g				34193 g
kg und g		2 kg 394 g			
kg			2,150 kg	3,031 kg	

(4) Ordne der Größe nach. Beginne mit dem kleinsten Gewicht.

100 g 1 kg 3 t 200 kg 230 kg 3502 kg 999 g 920 kg

____

(5) Das Schulbuch „Prima Mathe“ hat 115 Seiten. Eine Seite wiegt 5 g.

Frage: ____

Rechnung: ____

Antwort: ____

(40) Verschiedene Behälter

① **Wie heißen die Behälter? Beschrifte!**

Tasse	Glas	Kanne	Fass	Tankwagen	Topf	Eimer	Flasche

a) b) c) d)

e) f) g) h)

② **Was befindet sich oft in den Behältern aus Aufgabe 1?**
Nenne je zwei Möglichkeiten!

a) ____________ e) ____________

b) ____________ f) ____________

c) ____________ g) ____________

d) ____________ h) ____________

③ **In welchen Behälter aus Aufgabe 1 passt am meisten Wasser rein?**
Ordne der Größe nach. Beginne mit dem größten Behälter.

____

____

____

41 Das Fassungsvermögen

1. Dieser Tank hat ein Fassungsvermögen von 16000 l.

Was versteht man unter dem Begriff „Fassungsvermögen“? Schreibe!

____

____

2. **Vergleiche das Fassungsvermögen der Behälter.**
   Du brauchst dazu ein Glas.

a) Fülle die Behälter mit Wasser. Schütte jetzt deren Inhalt nacheinander in das Glas. Für jedes gefüllte Glas machst du einen Strich in der Tabelle.

Behälter	Strichliste Gläser 𝍸	Anzahl

b) **Trage ein!**

Kleinster Behälter: ______________________

Größter Behälter: ______________________

E. Dinges/S. Petersen: Größen anschaulich – Flächen, Gewichte, Hohlmaße

(42) Der Liter

Das Fassungsvermögen nennt man auch Hohlmaß.
Es gibt die Größe eines Raumes oder Rauminhaltes an.
Hohlmaße werden in Litern gemessen. Liter wird mit l abgekürzt.

(1) a) **Welche Literangaben passen zu welchen Behältern? Verbinde!**

5 l	1 l	10 l	$\frac{1}{2}$ l	1 $\frac{1}{2}$ l	50 l

b) **Ordne die Behälter nach ihrem Fassungsvermögen.**
Beginne mit dem Behälter, der das größte Fassungsvermögen hat.

____

____

c) **Beantworte die folgenden Fragen!**

1. Wie viele Tetrapaks Milch passen in den Eimer? ______ Stück
2. Wie viele Eimer passen in das Fass? ______ Stück
3. Wie viele Gläser passen in den Topf? ______ Stück
4. Wie viele Flaschen braucht man, um Eimer und Topf zu füllen? ______ Stück

(2) In ein großes Planschbecken werden 900 l Wasser eingelassen.
In einer Minute fließen 3 l in das Becken.
Wie lange dauert es, bis das Planschbecken gefüllt ist?

Rechnung: ____

Antwort: ____

(43) Literangaben vergleichen

① **Zeichne die jeweiligen Mengen in die Messbecher ein.**

1 l

$\frac{1}{2}$ l

$\frac{1}{4}$ l

$\frac{1}{8}$ l

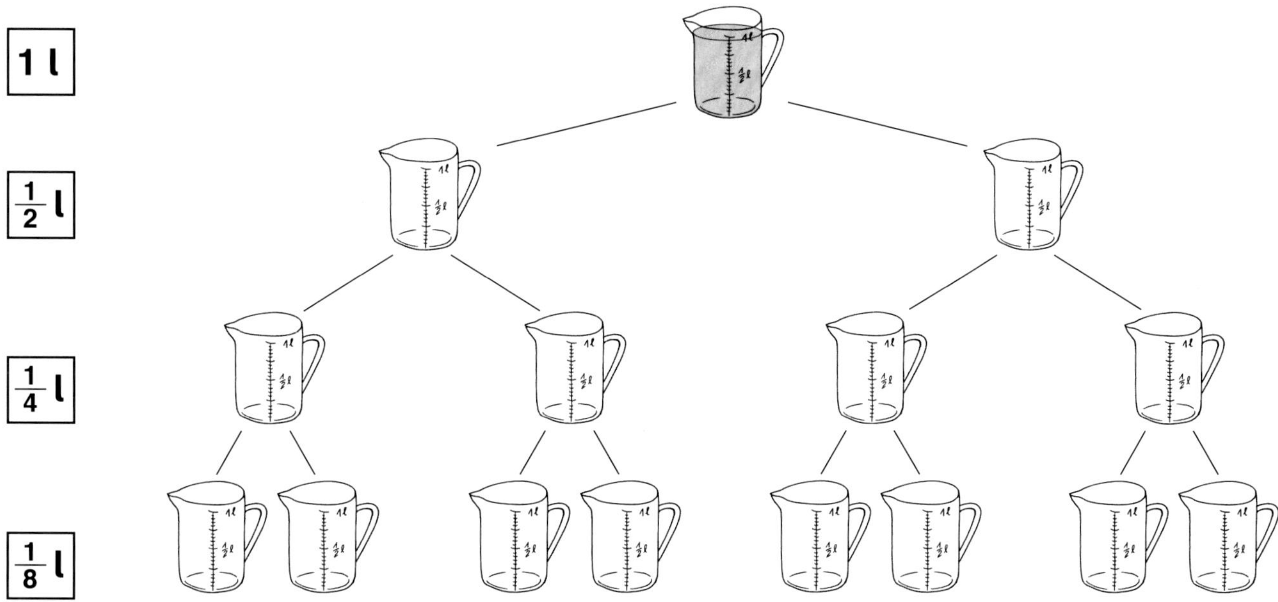

② **Ergänze!**

Schreibe:					
als Wort	ein Liter	halber Liter	viertel Liter	achtel Liter	dreiviertel Liter
als Bruch	1 l		$\frac{1}{4}$ l		
mit Komma	1,0 l				0,75 l

③ Fülle ohne die Hilfe eines Messbechers einen $\frac{3}{4}$ Liter Milch oder Wasser ab. Beschreibe die Arbeitsschritte.

Schneide dazu die Kärtchen unten aus und klebe sie in der richtigen Reihenfolge auf das Arbeitsblatt.

Unser Wasserverbrauch 1

Hier siehst du den durchschnittlichen Wasserverbrauch einer Person pro Tag.

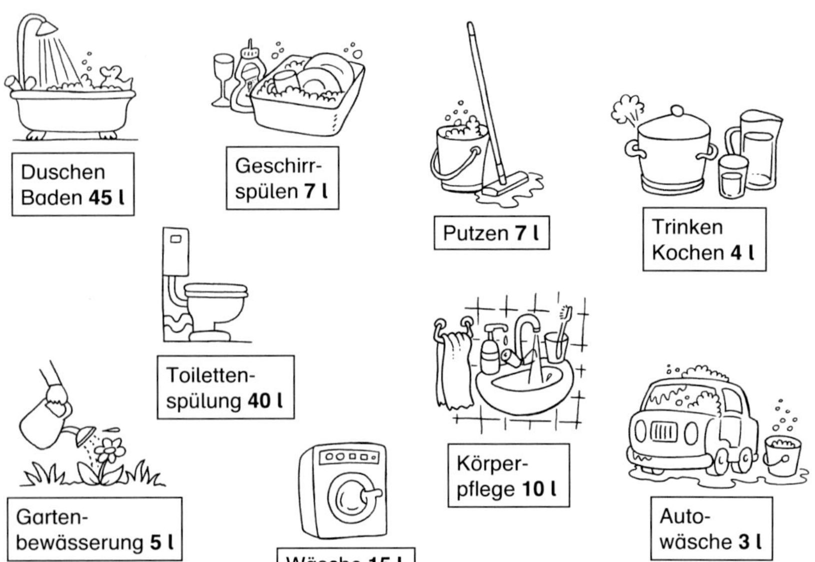

Verbrauch	Tätigkeit
45 l	Duschen und Baden
5 l	Gartenbewässerung
7 l	Geschirrspülen
3 l	Autowäsche
7 l	Putzen
15 l	Wäsche
10 l	Körperpflege
40 l	Toilettenspülung
4 l	Trinken, Kochen

Ordne die Tätigkeiten nach der Höhe ihres Wasserverbrauchs.
Schneide dazu die Abbildungen unten aus und klebe sie in die Tabelle.
Zeichne die entsprechende Anzahl an Eimern dazu!

Tätigkeit	Liter	Eimer (1 Eimer = 10 l; $\frac{1}{2}$ Eimer = 5 l)
	45 l	

Unser Wasserverbrauch 2

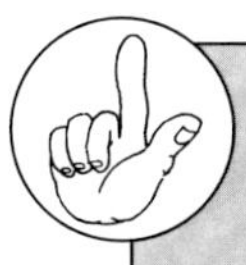

Du weißt: Eine Person verbraucht durchschnittlich 140 Liter Wasser pro Tag.

① **Berechne die entsprechenden Literanzahlen!**

a) Berechne den Wasserverbrauch pro Tag für:

1 Person	2 Personen	3 Personen	4 Personen	deine Familie
140 l				

b) Berechne den Wasserverbrauch pro Person für:

1 Tag	1 Woche	2 Wochen	10 Wochen	1 Jahr
140 l				

c) Wie viel Wasser verbraucht eine Familie mit 2 Kindern in einem Jahr?

Rechnung: ______________________________

Die Familie verbraucht __________ Liter Wasser in einem Jahr.

d) Wie vielen Kisten Wasser entspricht der Wasserverbrauch der Familie mit 2 Kindern? In einer Kiste Wasser sind 10 Literflaschen.

Rechnung: ______________________________

________________ Kisten entsprechen dem Wasserverbrauch einer Familie mit 2 Kindern.

② **Wasser ist kostbar! Hier siehst du, wie viel man pro Tag sparen kann.**

5 l	5 l	0 l	25 l	0 l	25 l	0 l	5 l	3 l

a) Bei welchen Tätigkeiten …

… kann man am meisten Wasser sparen? ______________________

… kann man kein Wasser sparen? ______________________

b) Zusammengerechnet kann man _____ l pro Tag sparen.

Der Milliliter

1 Liter (1 l) = 1000 Milliliter (1000 ml)

① a) **Benenne die Gefäße. Trage ein!**

Babyflasche | Tetrapak | Flasche | Tasse | Dose | Glas | Fingerhut

Gefäß							
Name							
geschätzer Inhalt in ml							

b) **Schätze, wie viele Milliliter in die Gefäße passen. Trage ein!**

c) **Überprüfe deine Schätzungen mithilfe eines Messbechers. Schreibe die Gefäße an die Skala!**

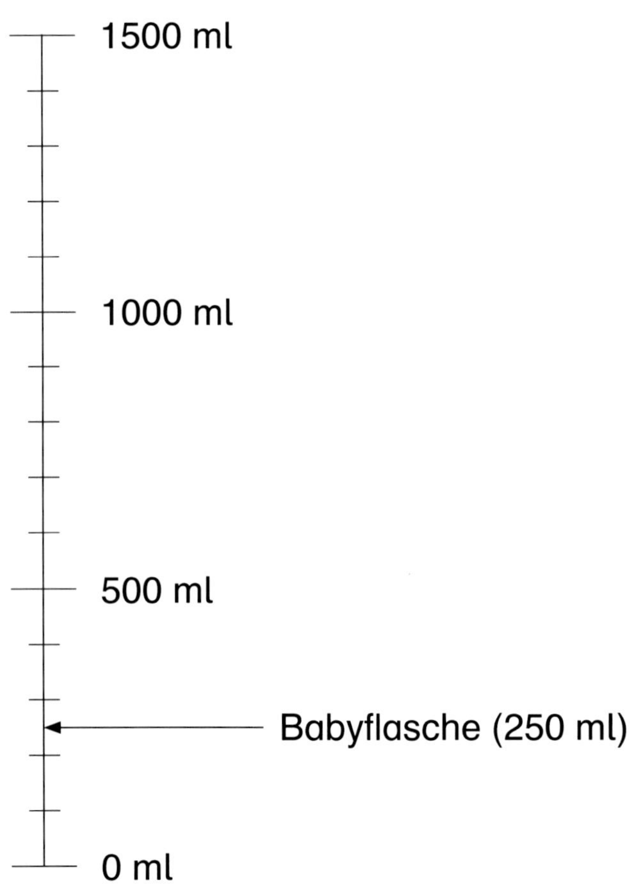

(47) Aufgaben rund um den Milliliter

(1) Untersuche! Wie viel trinkst du in den nächsten 3 Tagen?

a) Mache dazu entsprechende Striche in die Tabelle.
b) Wie viele Milliliter trinkst du an einem Tag? Berechne!

Tag	1. Tag ml	2. Tag ml	3. Tag ml
kleines Glas			
großes Glas			
Tasse			
Trinkpäckchen			
Flasche			
Gesamt			

Du weißt: Für Kinder wird empfohlen, dass sie pro Tag 6 Gläser mit je 250 ml Inhalt trinken sollen.

c) Wie viele Milliliter sollen Kinder pro Tag trinken? __________ ml
d) Wie viele Milliliter trinkst du mehr oder weniger als empfohlen? Trage ein!

Tag	1. Tag	2. Tag	3. Tag
getrunkene ml			
Abweichung	o mehr ________ o weniger _____	o mehr ________ o weniger _____	o mehr ________ o weniger _____

(2) In einen Brunnen fließen pro Minute 1500 ml Wasser.
Wie viel Wasser fließt in einer halben Stunde, in einer Stunde bzw. in einer Woche in den Brunnen?

Zeitraum	$\frac{1}{2}$ Stunde	1 Stunde	1 Woche
ml			

(3) Du brauchst einen Ess- und einen Teelöffel sowie eine Spritze mit Maßangaben.

a) Wie viele Milliliter passen in einen Esslöffel? _____ ml

b) Wie viele Milliliter passen in einen Teelöffel? _____ ml

c) Wie viele Esslöffel braucht man, um eine Literflasche zu füllen?
_____ Stück

Umwandlungsaufgaben

Du weißt: 1 l = 1000 ml

① **Wandle um! Schreibe auf ein extra Blatt.**

a)	b)	c)	d)
1 l = 1000 ml	1000 ml = 1 l	1 l 152 ml = 1152 ml	1300 ml = 1,300 l
4 l = ______ ml	3000 ml = __ l	3 l 150 ml = _____ ml	7600 ml = ______ l
8 l = ______ ml	6000 ml = __ l	7 l 492 ml = _____ ml	9380 ml = ______ l
12 l = ______ ml	9000 ml = __ l	2 l 949 ml = _____ ml	9008 ml = ______ l
50 l = ______ ml	13000 ml = __ l	3 l 89 ml = _____ ml	606 ml = ______ l

② **Ergänze!**

Liter	das Doppelte	angegeben in ml	die Hälfte	angegeben in ml
1	2 l	2000 ml	$\frac{1}{2}$ l	500 ml
4				
10				
$\frac{1}{2}$				
$\frac{1}{4}$				

③ **Verbinde die Literangaben mit den passenden Angaben in Millilitern!**

1,75 l

170 ml

700 ml

0,75 l

750 ml

0,17 l

0,59 l

0,7 l

590 ml

(49) Rechnen mit Litern und Millilitern

① **Ordne der Größe nach. Beginne mit der kleinsten Angabe.**

5 l	560 ml	1,5 l	4 l 340 ml	5370 ml	4,9 l	990 ml	5 l 299 ml	5,2 l

____

② **Berechne und gib das Ergebnis in l an.**

a) 2 l 570 ml + 120 ml = 2,690 l
8 l 609 ml + 510 ml = __________
5 l 743 ml + 0,64 l = __________

b) 4 l 780 ml – 540 ml = __________
6 l 506 ml – 780 ml = __________
7 l 218 ml – 0,7 l = __________

③ Pro Minute fallen 1000 Regentropfen. Das sind etwa 10 ml.
Wie viele Liter sind das in einer Stunde?

Rechnung: ______________________________

Antwort: ______________________________

④ Beim Kochen von Wasser verdampfen pro Liter 20 ml. In einer Großküche werden 100 Liter Wasser aufgekocht, um Tee daraus zu machen.

Fragen: ______________________________

____

Rechnungen: ______________________________

Antworten: ______________________________

⑤ In eine Badewanne passen etwa 108 Liter Wasser.
Wie viele Kisten braucht man, um die Badewanne zu füllen?
In einer Kiste Wasser sind 12 Flaschen zu je 0,75 l.

Rechnung: ______________________________

Antwort: ______________________________

(50) Lernkontrolle – Hohlmaße

Name: ____________

Datum: ____________

① **Kreise die Gefäße ein:**

- rot, in welche genau ein halber Liter passt.
- blau, in welche genau ein viertel Liter passt.
- grün, in welche genau 330 ml passen.

Spüli 500 ml · Majo 250 ml · Body Lotion 0,2 l · Karottensaft 330 ml · Pflanzenöl 1 l · Wäschestärke 500 ml · Deo 150 ml · Erdbeersoße 125 ml · Babyöl 200 ml · Duschgel 0,25 l · Haar fit 200 ml · Ketchup 450 ml · Orangensaft 1 l · Sonnenmilch 250 ml · Limo 0,33 l · Kamilleauszug 500 ml · Owohl 75 ml · Body Lotion 450 ml

② **Ergänze!**

Schreibe in:						
ml	3829 ml					307 ml
l und ml	3 l 829 ml	2 l 394 ml			9 l 90 ml	
l	3,829 l		3,407 l	7,050 l		

③ **Setze die Zeichen <, > oder = ein!**

a)

4 l	☐	3 l 750 ml
10 l 8 ml	☐	10008 ml
490 ml	☐	2 l
8 l 94 ml	☐	8,94 l

b)

4,021 l	☐	4 l 21 ml
2003 ml	☐	2 l 2 ml
460 ml	☐	0,390 l
0,681 l	☐	6,081 l

④ Die Klasse 3b möchte eine Faschingsfeier veranstalten. Die Schüler planen 24 Tassen Kakao und 36 Becher Orangensaft ein.
Eine Tasse fasst 150 ml und ein Becher 200 ml.
Wie viele Liter Kakao und Orangensaft müssen eingekauft werden?

Rechnung: ____________________________

Antwort: Es müssen ________ Liter Kakao und ________ Liter Orangensaft eingekauft werden.

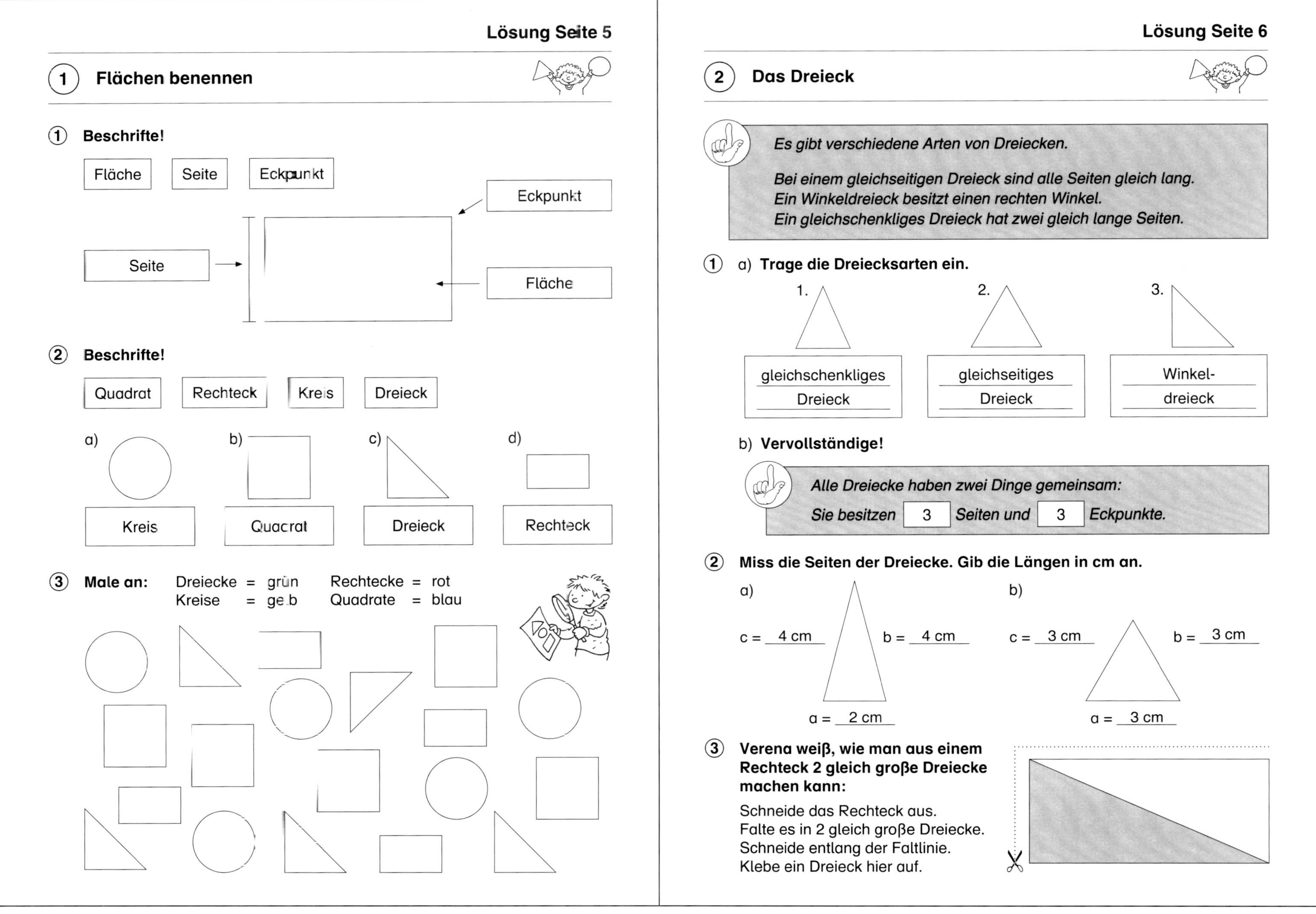

1 Flächen benennen

① **Beschrifte!**

Fläche | Seite | Eckpunkt

Eckpunkt

Seite

Fläche

② **Beschrifte!**

Quadrat | Rechteck | Kreis | Dreieck

a) Kreis

b) Quadrat

c) Dreieck

d) Rechteck

③ **Male an:**

Dreiecke = grün
Kreise = gelb
Rechtecke = rot
Quadrate = blau

2 Das Dreieck

Es gibt verschiedene Arten von Dreiecken.

Bei einem gleichseitigen Dreieck sind alle Seiten gleich lang.
Ein Winkeldreieck besitzt einen rechten Winkel.
Ein gleichschenkliges Dreieck hat zwei gleich lange Seiten.

① a) **Trage die Dreiecksarten ein.**

1. gleichschenkliges Dreieck
2. gleichseitiges Dreieck
3. Winkel-dreieck

b) **Vervollständige!**

Alle Dreiecke haben zwei Dinge gemeinsam:
Sie besitzen 3 *Seiten und* 3 *Eckpunkte.*

② **Miss die Seiten der Dreiecke. Gib die Längen in cm an.**

a) c = 4 cm, b = 4 cm, a = 2 cm

b) c = 3 cm, b = 3 cm, a = 3 cm

③ **Verena weiß, wie man aus einem Rechteck 2 gleich große Dreiecke machen kann:**

Schneide das Rechteck aus.
Falte es in 2 gleich große Dreiecke.
Schneide entlang der Faltlinie.
Klebe ein Dreieck hier auf.

③ Das Viereck und das Rechteck

① **Betrachte das Viereck!**

c

d — Seite b (Breite)

Seite a (Länge)

a) Wie viele Seiten hat das Viereck? 4 Seiten

b) Wie lang sind die einzelnen Seiten?

a = 6 cm   b = 2 cm   c = 6 cm   d = 2 cm

c) Was fällt dir bei den Seitenlängen auf? Die gegenüberliegenden Seiten sind gleich lang.

d) Was fällt dir bei den Ecken auf? Die Seiten bilden einen rechten Winkel.

e) Dieses Viereck nennt man auch … Rechteck.

② **Warum ist die folgende Fläche zwar ein Viereck, aber kein Rechteck? Begründe!**

Die Seiten sind nicht rechtwinklig zueinander.

③ **Nenne 5 Gegenstände mit rechteckigen Flächen.**
Schreibe die Anzahl der Flächen in Klammern dahinter.

Beispiel: Blatt (1)

④ Das Quadrat

① **Betrachte das Quadrat!**

c

d — Seite b

Seite a

a) Wie viele Seiten hat das Quadrat? 4 Seiten

b) Wie lang sind die einzelnen Seiten?

a = 4 cm   b = 4 cm   c = 4 cm   d = 4 cm

c) Was fällt dir bei den Seitenlängen auf?

Alle 4 Seiten sind gleich lang.

② **Male die quadratischen Flächen an.**

a)   b)   c)   d)

③ **Wie kannst du aus einem Rechteck ein Quadrat falten?**
Tipp: Abschneiden ist erlaubt!

Wie oft musst du falten?

Ich muss 1 Mal falten.

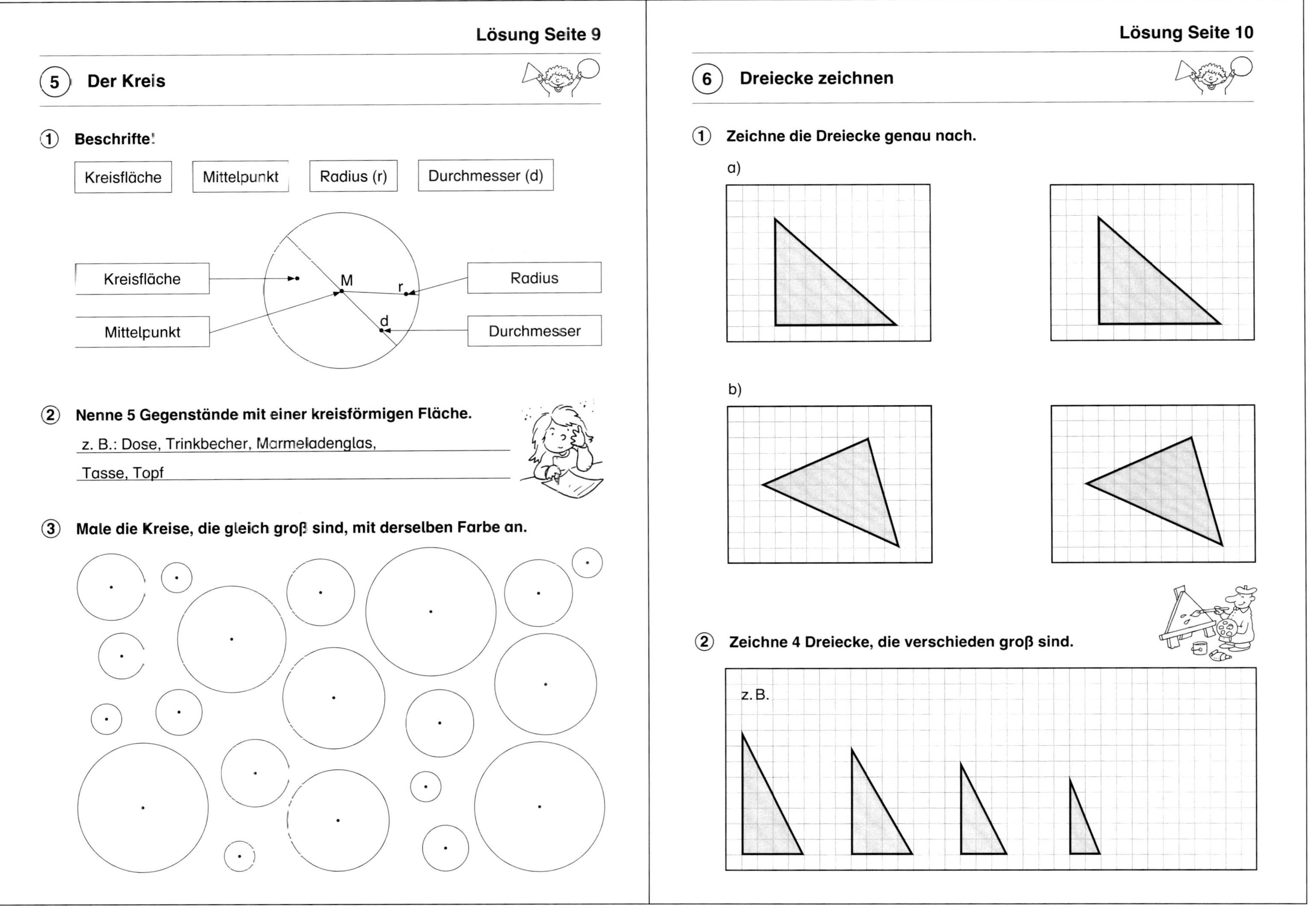

Lösung Seite 9

5 Der Kreis

① **Beschrifte!**

Kreisfläche | Mittelpunkt | Radius (r) | Durchmesser (d)

② **Nenne 5 Gegenstände mit einer kreisförmigen Fläche.**

z. B.: Dose, Trinkbecher, Marmeladenglas,

Tasse, Topf

③ **Male die Kreise, die gleich groß sind, mit derselben Farbe an.**

Lösung Seite 10

6 Dreiecke zeichnen

① **Zeichne die Dreiecke genau nach.**

a)

b)

② **Zeichne 4 Dreiecke, die verschieden groß sind.**

z. B.

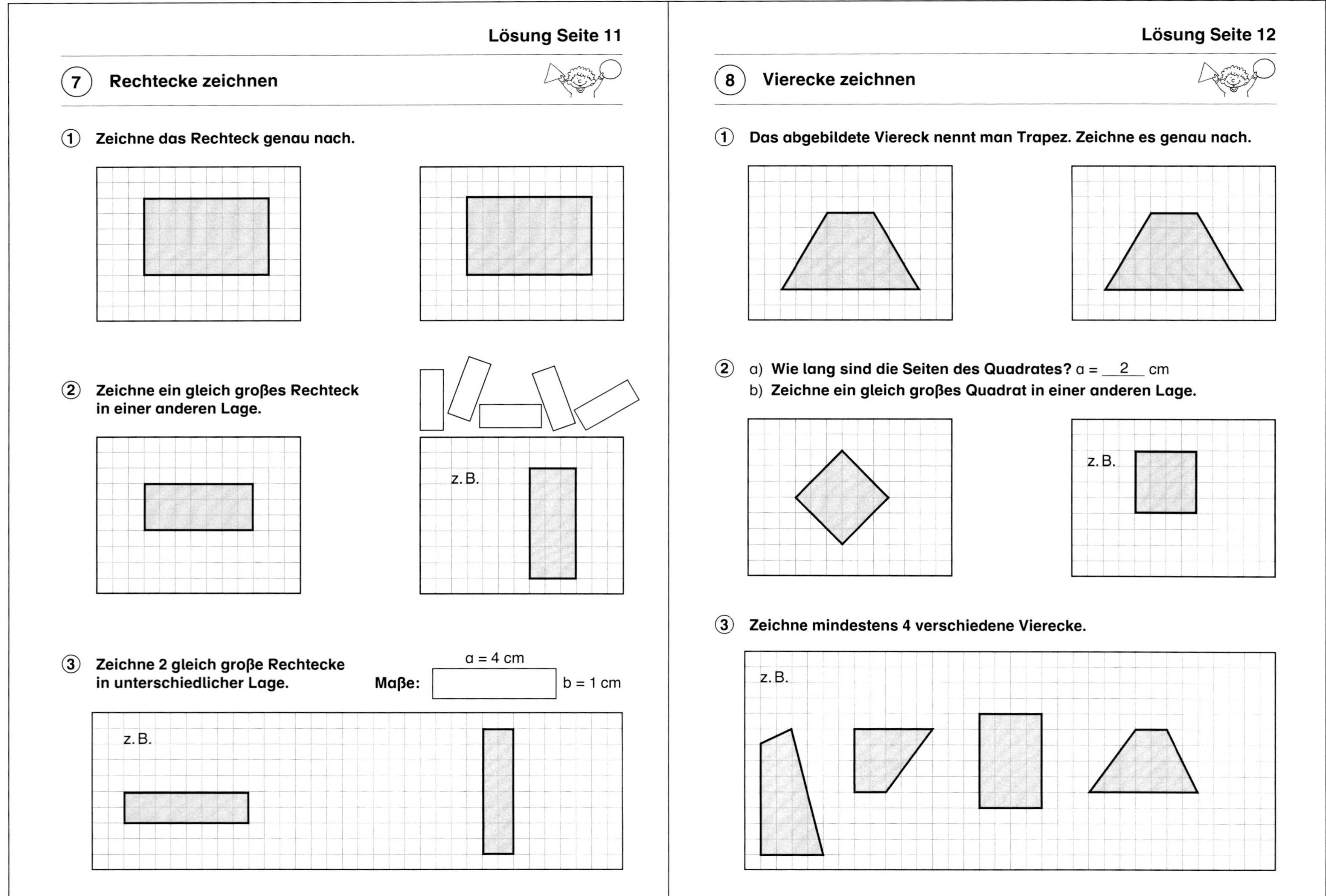

Lösung Seite 11

(7) Rechtecke zeichnen

① **Zeichne das Rechteck genau nach.**

② **Zeichne ein gleich großes Rechteck in einer anderen Lage.**

z. B.

③ **Zeichne 2 gleich große Rechtecke in unterschiedlicher Lage.**

Maße: a = 4 cm b = 1 cm

z. B.

Lösung Seite 12

(8) Vierecke zeichnen

① **Das abgebildete Viereck nennt man Trapez. Zeichne es genau nach.**

② a) **Wie lang sind die Seiten des Quadrates?** a = 2 cm

b) **Zeichne ein gleich großes Quadrat in einer anderen Lage.**

z. B.

③ **Zeichne mindestens 4 verschiedene Vierecke.**

z. B.

9 Kreise zeichnen

① **Zeichne auf verschiedene Arten Kreise.**

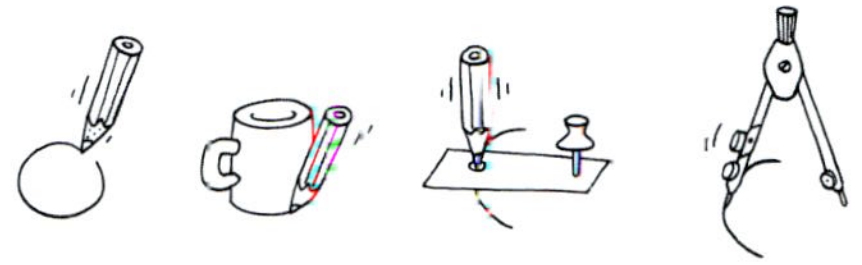

② **Zeichne 3 Kreise mit einem Radius von 2 cm.**
Was kannst du über die Flächen der Kreise sagen?

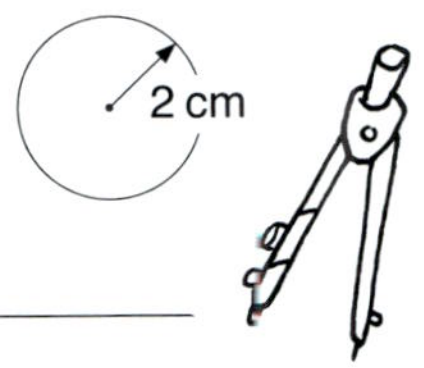

2 cm

Die Flächen der Kreise sind gleich groß.

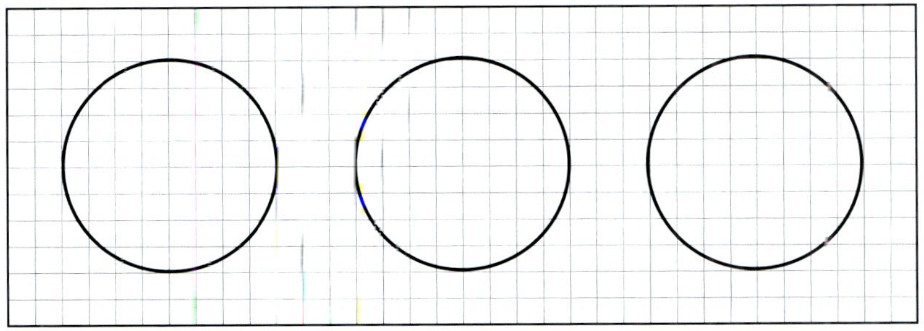

12 Flächen auslegen 1

Lege die Fläche mit Legeplättchen aus.

a) Zeichne die Lage der Plättchen auf dem Arbeitsblatt nach.

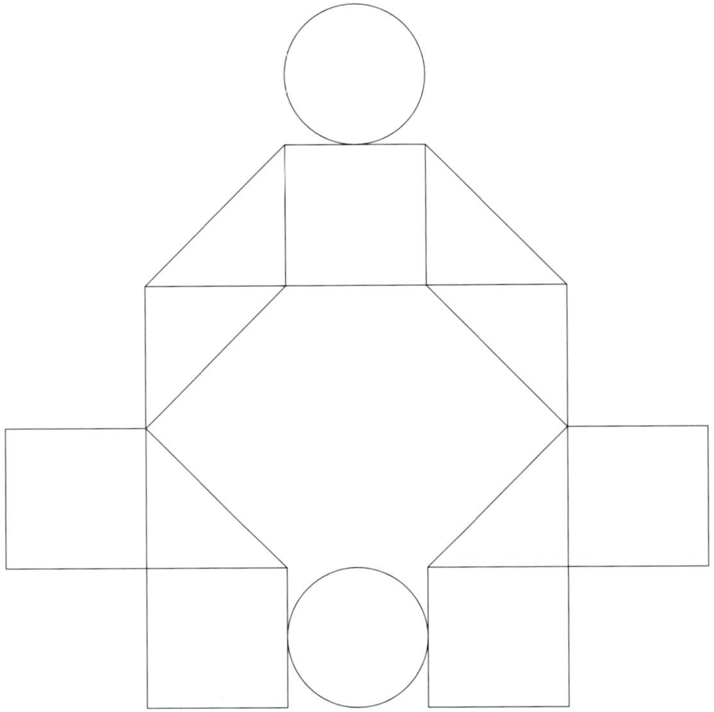

b) Aus welchen Teilflächen (Rechteck, Kreis …) besteht die Fläche?
Wie viele Teile sind es jeweils (Beispiel: 6 Rechtecke)?

2 Kreise, 5 Quadrate, 6 Dreiecke

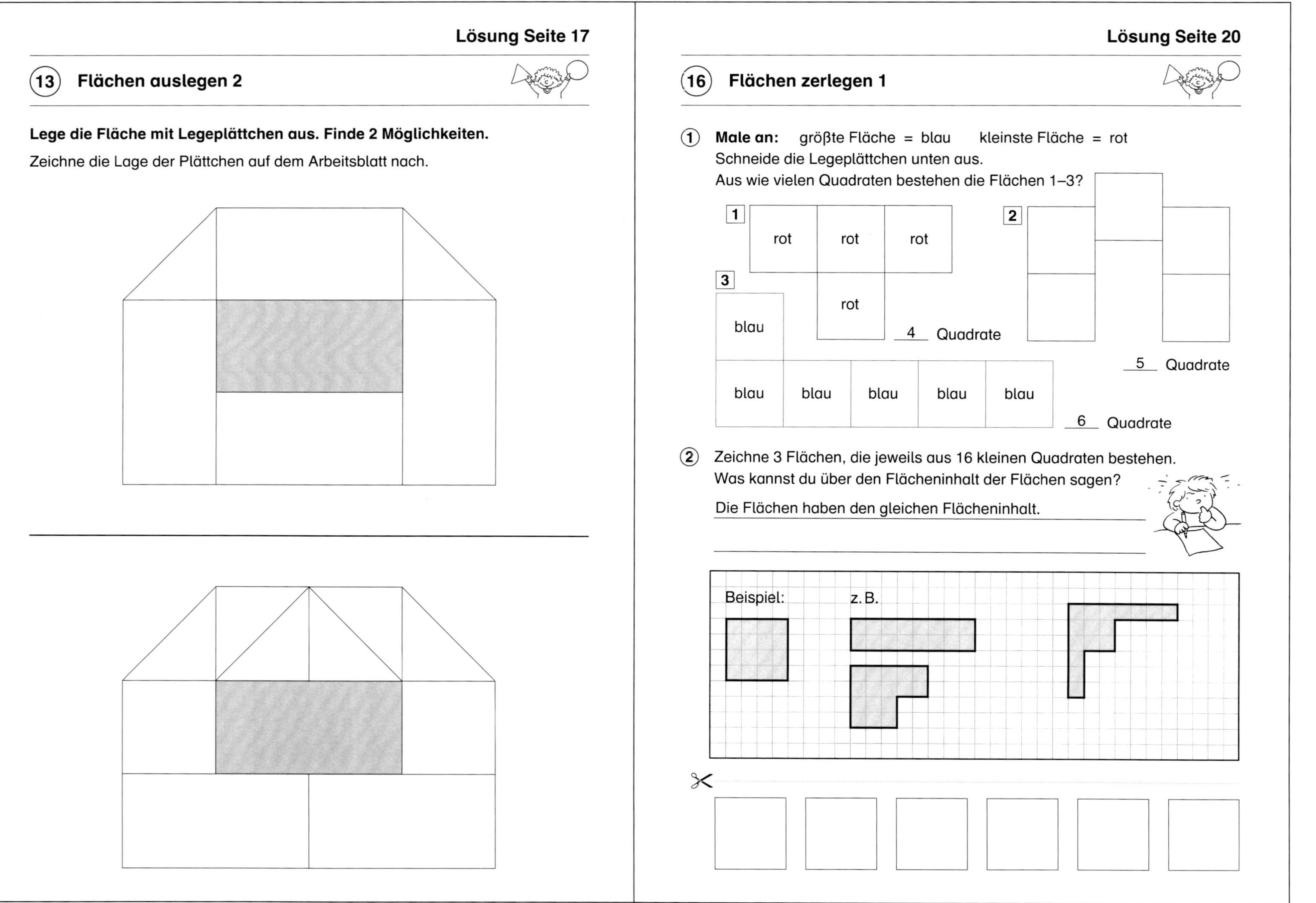

Lösung Seite 17

(13) Flächen auslegen 2

Lege die Fläche mit Legeplättchen aus. Finde 2 Möglichkeiten.

Zeichne die Lage der Plättchen auf dem Arbeitsblatt nach.

Lösung Seite 20

(16) Flächen zerlegen 1

① **Male an:** größte Fläche = blau kleinste Fläche = rot

Schneide die Legeplättchen unten aus.

Aus wie vielen Quadraten bestehen die Flächen 1–3?

② Zeichne 3 Flächen, die jeweils aus 16 kleinen Quadraten bestehen.

Was kannst du über den Flächeninhalt der Flächen sagen?

Die Flächen haben den gleichen Flächeninhalt.

Lösung Seite 21

17 Flächen zerlegen 2

Aus wie vielen Quadraten bestehen die Flächen? Zerlege die Flächen und vervollständige die Tabelle.

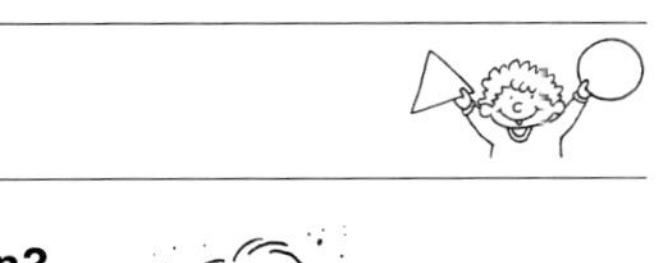

Fläche	A	B	C	D	E	F	G	H	I
□	*12*	64	76	76	40	80	68	28	40
⊞	*3*	16	19	19	10	20	17	7	10

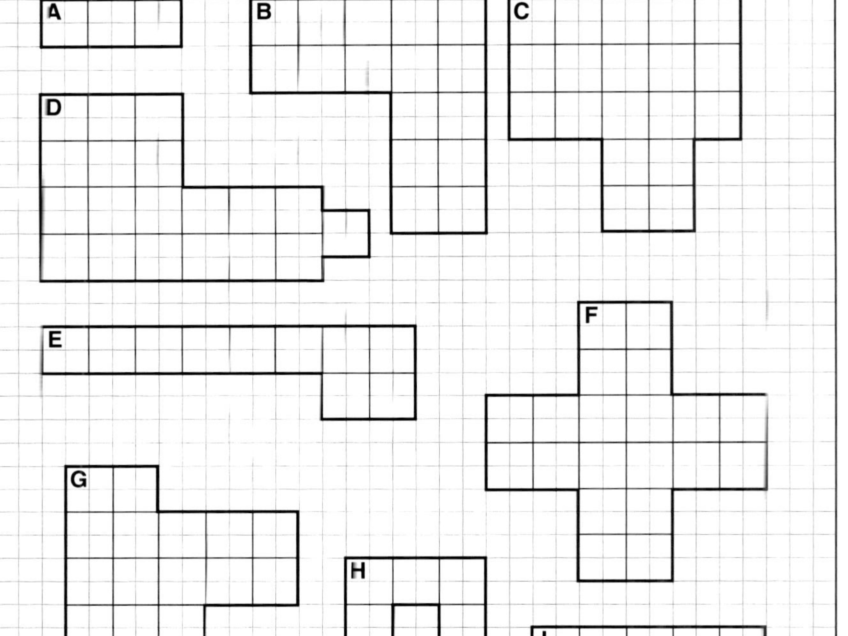

Lösung Seite 22

18 Flächen vergleichen 1

① **Ordne die Flächen der Größe nach. Beginne mit der kleinsten Fläche (G).**
Tipp: Zähle die Kästchen (Quadrate).

G < A < D < E < C < F < B < I < J < H

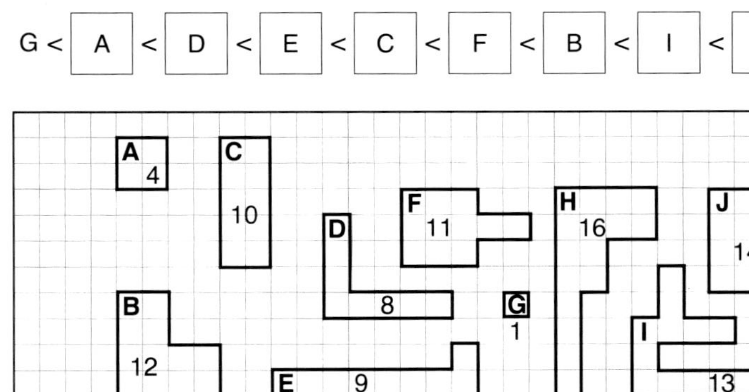

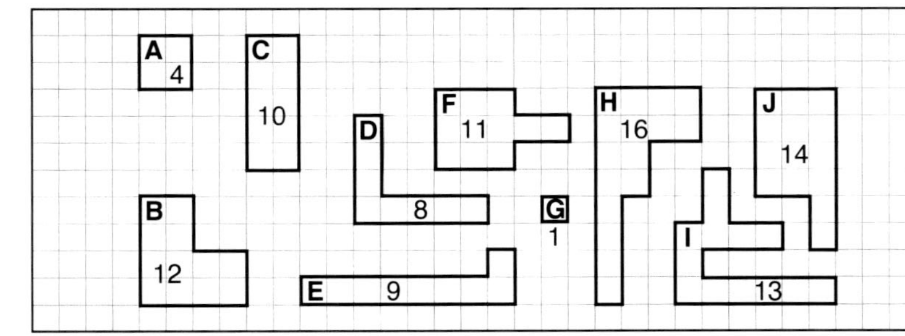

② **Ordne die Zimmer der Größe nach. Beginne mit dem kleinsten Zimmer.**
Tipp: Zeichne den Grundriss auf Karopapier ab!

Bad, Eltern, Küche, Kind, Wohnen

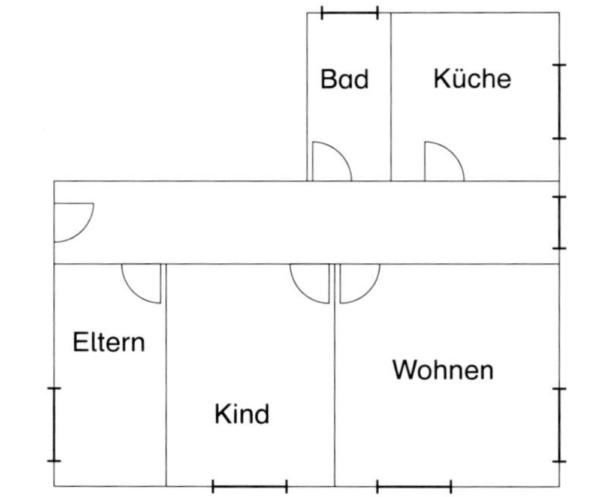

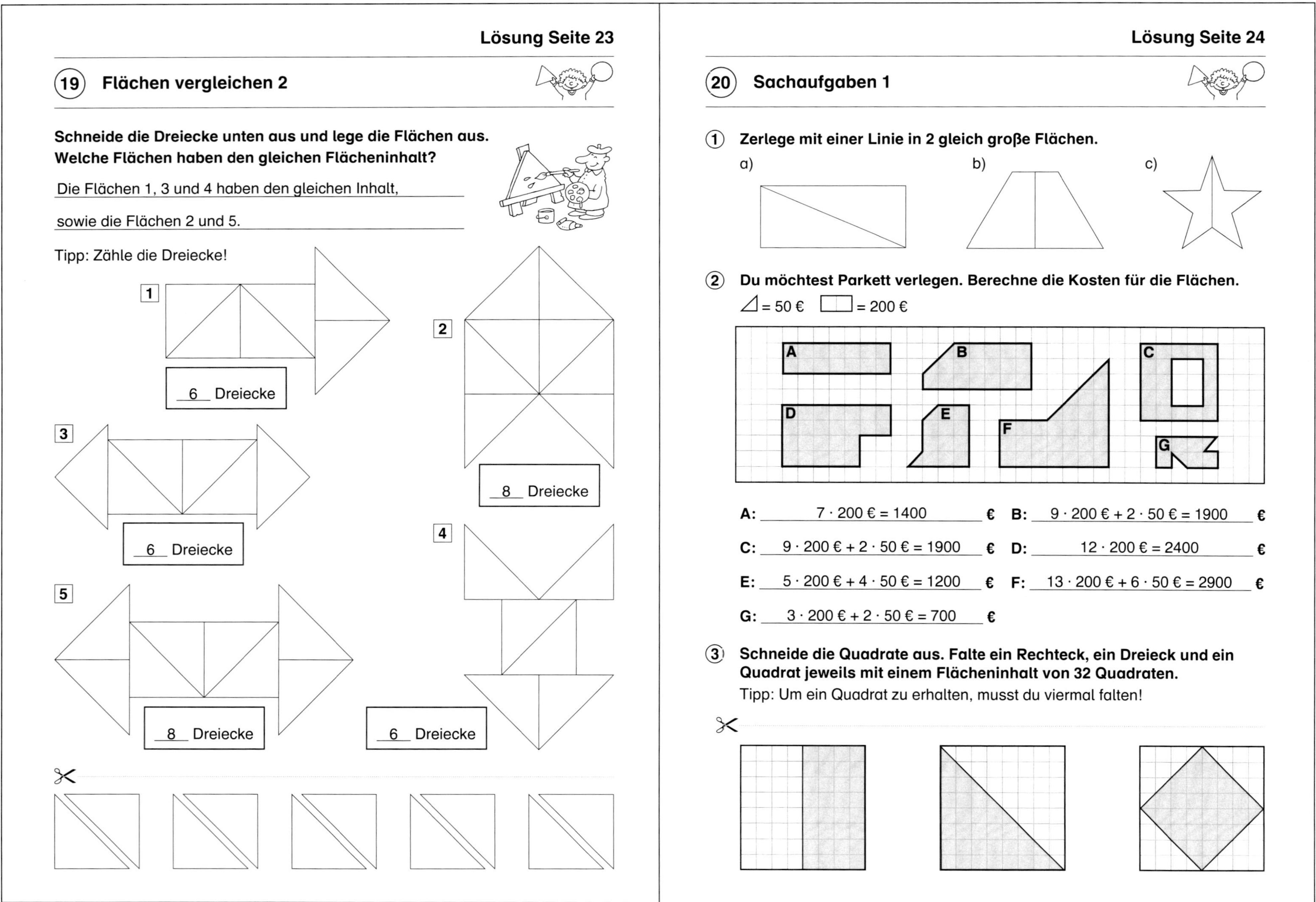

Lösung Seite 23

19 Flächen vergleichen 2

Schneide die Dreiecke unten aus und lege die Flächen aus.
Welche Flächen haben den gleichen Flächeninhalt?

Die Flächen 1, 3 und 4 haben den gleichen Inhalt,

sowie die Flächen 2 und 5.

Tipp: Zähle die Dreiecke!

1: 6 Dreiecke

2: 8 Dreiecke

3: 6 Dreiecke

4: 6 Dreiecke

5: 8 Dreiecke

Lösung Seite 24

20 Sachaufgaben 1

① **Zerlege mit einer Linie in 2 gleich große Flächen.**

a) b) c)

② **Du möchtest Parkett verlegen. Berechne die Kosten für die Flächen.**

◺ = 50 € ▭ = 200 €

A: 7 · 200 € = 1400 €
B: 9 · 200 € + 2 · 50 € = 1900 €
C: 9 · 200 € + 2 · 50 € = 1900 €
D: 12 · 200 € = 2400 €
E: 5 · 200 € + 4 · 50 € = 1200 €
F: 13 · 200 € + 6 · 50 € = 2900 €
G: 3 · 200 € + 2 · 50 € = 700 €

③ **Schneide die Quadrate aus. Falte ein Rechteck, ein Dreieck und ein Quadrat jeweils mit einem Flächeninhalt von 32 Quadraten.**

Tipp: Um ein Quadrat zu erhalten, musst du viermal falten!

Lösung Seite 25

(21) Sachaufgaben 2

① Fliesenleger Franz möchte sein Wohnzimmer mit neuen Fliesen auslegen.
Eine Fliese ist rechtwinklig, 50 cm breit und 50 cm lang.

a) Welche Form haben die Fliesen? Sie sind quadratisch.

b) Das Wohnzimmer ist 5 m lang und 6 m breit.
Wie viele Fliesen muss Franz einkaufen? (Tipp: Fertige eine Zeichnung auf Karopapier an! Eine Fliese entspricht dabei einem Kästchen.)

Antwort: Franz muss 120 Fliesen einkaufen.

② Die abgebildeten Häuserwände sollen neu gestrichen werden.
Für welche Hauswand wird die meiste (rot), für welche Hauswand die wenigste Farbe (blau) gebraucht.

Male die Abbildungen entsprechend an.

a) blau — 16 Kästchen

b) 18 Kästchen

c) rot — 21 Kästchen

③ Gustav behauptet: Alle 3 gefärbten Flächen sind gleich groß!
Stimmt das? ☒ ja ☐ nein
Begründe!

Alle 3 Rechtecke sind gleich groß. Es ist jeweils die Hälfte der Rechtecksfläche gefärbt.

Lösung Seite 26

(22) Lernkontrolle – Flächen

Name: ____________
Datum: ____________

① **Wie heißen die Flächen?**

Rechteck — Kreis — Quadrat — Dreieck

② **Zeichne eine Fläche mit 8, eine mit 10, eine mit 12 und eine mit 20 Karos.**

mit 8 Karos — mit 10 Karos — mit 12 Karos — mit 20 Karos

③ **Ordne die Flächen der Größe nach.
Beginne mit der größten Fläche.**

C > A > B > D > E > F

A 25, B 24, C 32, D 23, E 22, F 17

Lösung Seite 27

(23) Gewichtsvergleich mit den Händen

① **Vergleiche das Gewicht mit beiden Händen.**
Trage ein: *ist schwerer als* *ist leichter als*

Lineal	*ist schwerer als*	Schwamm
Heft	*ist leichter als*	PRIMA MATHE
Zirkel	*ist schwerer als*	Radiergummi
Bleistift	*ist leichter als*	Uhr

② **Vergleiche das Gewicht mit beiden Händen. Ordne die Gegenstände nach dem Gewicht. Beginne mit dem leichtesten Gegenstand.**

Ranzen | Kreide | Füller | Schultisch | Mathematikbuch

Kreide < Füller < Mathematikbuch < Ranzen < Schultisch

③ **Schätze und unterstreiche:** schwere Gegenstände = rot
leichte Gegenstände = blau

Zahnstocher – Traktor – Baum – Serviette – Füller – Bus –
Schrank – Feder – Salatblatt – Spinne – Blatt Papier – Haus –
Fingerring – Kran – Haar – Pferd – Mücke – Socke – Mülltonne

Lösung Seite 28

(24) Gewichtsvergleich mit der Balkenwaage

① **Schätze das Gewicht und trage ein:** *ist leichter als* *ist schwerer als*

Farbkasten	*ist schwerer als*	Anspitzer
Taschenrechner	*ist schwerer als*	Schere
Filzstift	*ist leichter als*	Kugelschreiber
Lineal	*ist leichter als*	Radiergummi

② Wiege die Gegenstände mit der Balkenwaage.
Benutze als Gewichte Schrauben.
Ordne die Gegenstände nach dem Gewicht und verbinde richtig.

Gegenstand	Anzahl der Schrauben	Verbinde!	
Rechenheft			1.) … ist am leichtesten
Bleistift			2.) … ist schwerer als 1.)
Filzstift			3.) … ist schwerer als 2.)
Klebestift			4.) … ist am schwersten

③ Wie viele von den leichten Gegenständen brauchst du, damit sie zusammen so schwer sind wie die schweren?

1 Heft ist genauso schwer wie ______ Stifte.

1 Buch ist genauso schwer wie ______ Hefte.

__________________ ist genauso schwer wie __________________.

Lösung Seite 29

(25) Verschiedene Waagen

Das genaue Gewicht von Gegenständen, Lebewesen, Pflanzen und Lebensmitteln kann man mit einer Waage herausfinden.
Für unterschiedlich große Gewichte und Dinge gibt es verschiedene passende Waagen.

Zum Wiegen mit einer Balkenwaage benötigt man verschiedene Gewichtsstücke.

① **Verbinde die Gewichtsangaben mit den passenden Gewichtsstücken.**

200 g | 20 g | 5 kg | 2 kg | 100 g | 50 g | 10 g | 1 g | 500 g | 2 g | 1 kg | 5 g

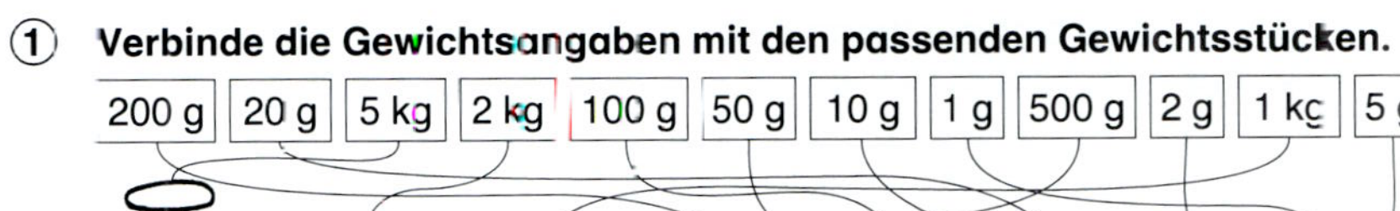

② **Beschrifte die Waagen!**

Paketwaage | Obst- und Gemüsewaage | Babywaage | Personenwaage
Fleischwaage | Briefwaage | Balkenwaage | Küchenwaage

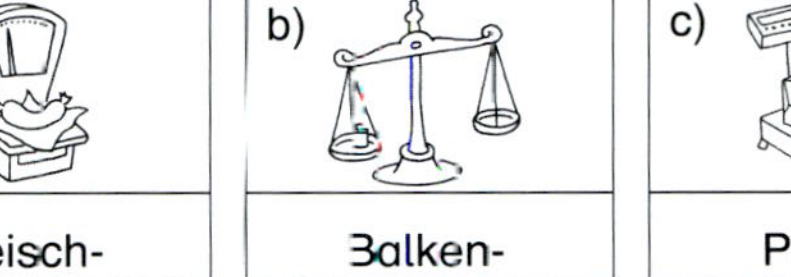

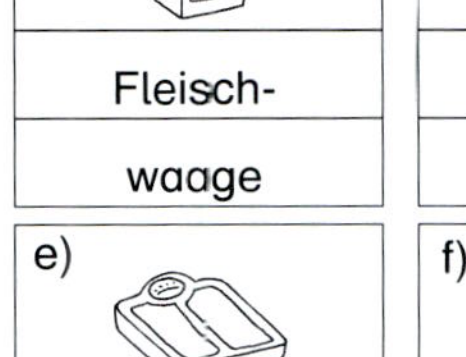

a)	b)	c)	d)
Fleisch-waage	Balken-waage	Paket-waage	Brief-waage
e)	f)	g)	h)
Personen-waage	Obst- und Gemüsewaage	Baby-waage	Küchen-waage

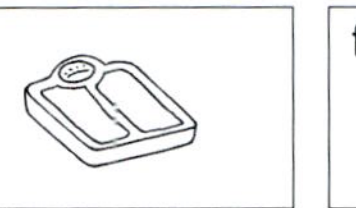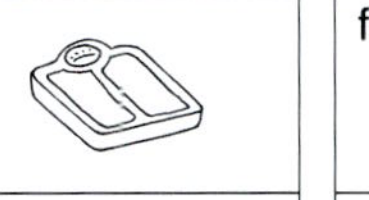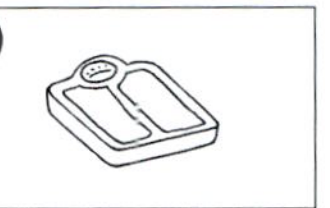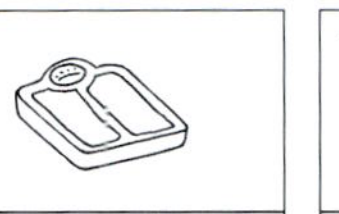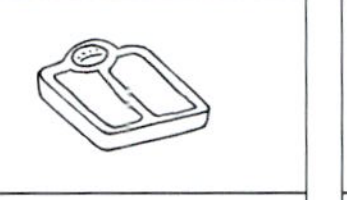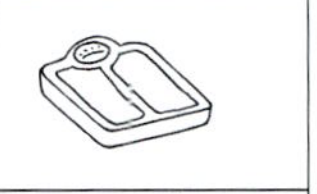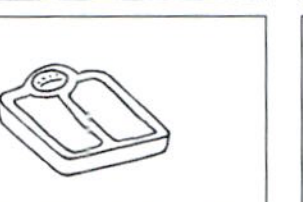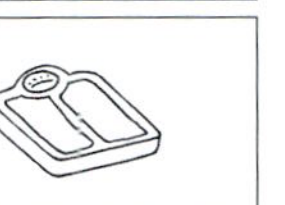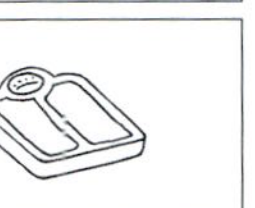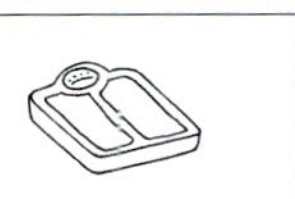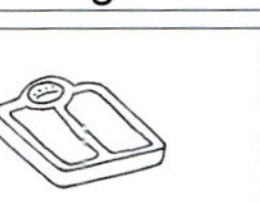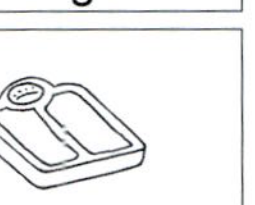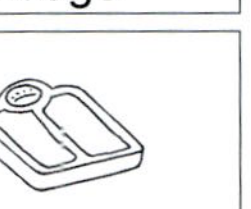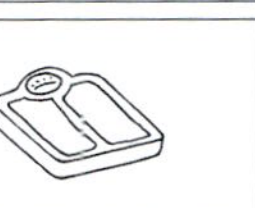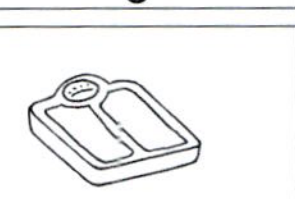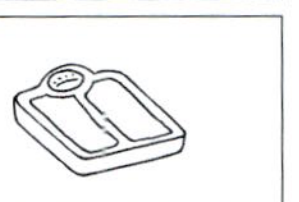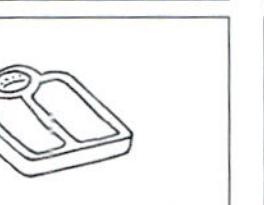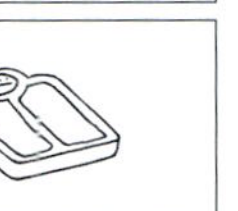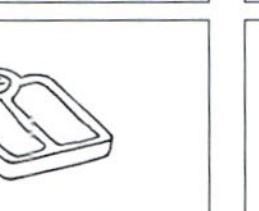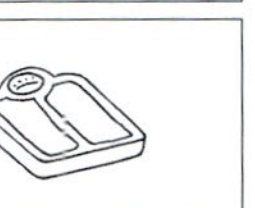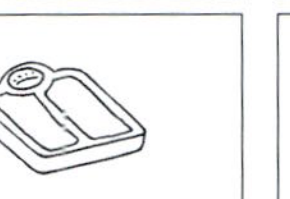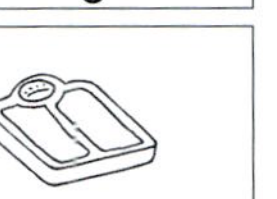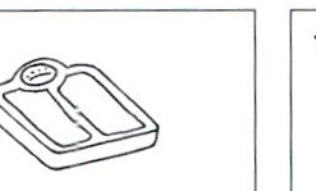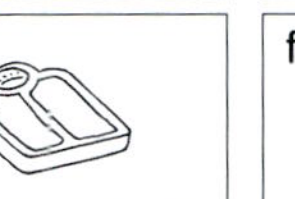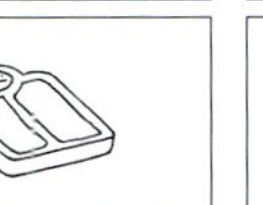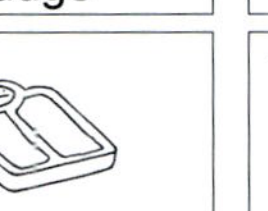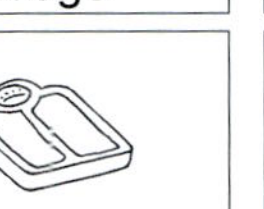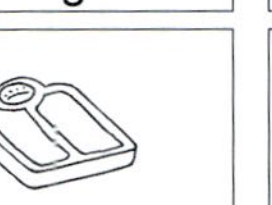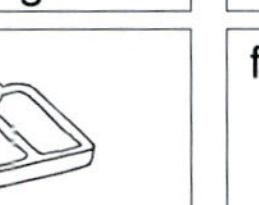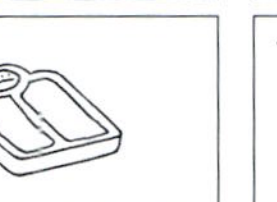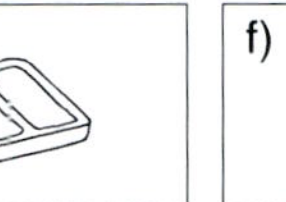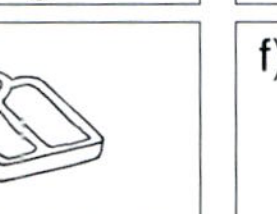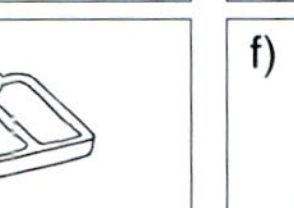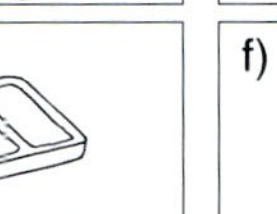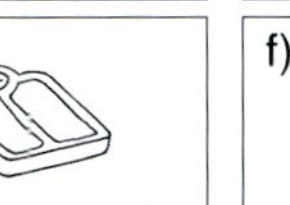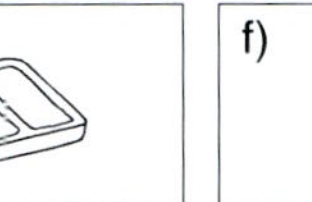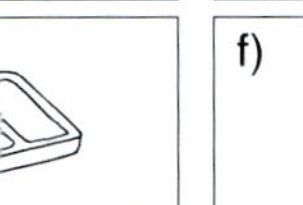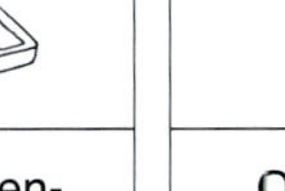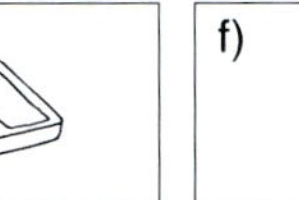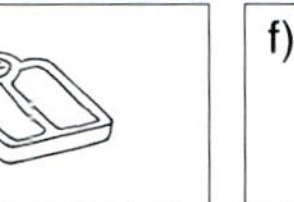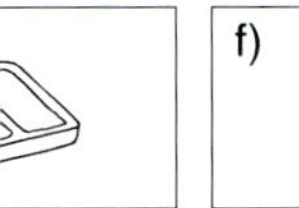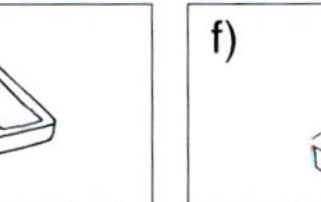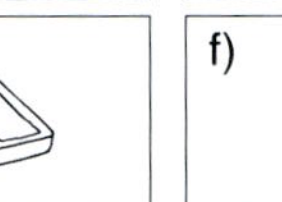

Lösung Seite 30

(26) Das Gramm

① **Suche Gegenstände, die etwa 1 g wiegen.**
Benutze eine Balkenwaage, eine Briefwaage oder eine Küchenwaage.

1 Feder, 1 Reißzwecke, 1 Papiertaschentuch

② a) **Schätze und verbinde!**

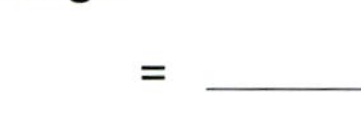

300 g | 150 g | 15 g | 600 g | 100 g | 2 g

b) **Ordne die Gewichte der Größe nach.**

2 g < 15 g < 100 g < 150 g < 300 g < 600 g

③ **Mit welchen Gewichtsstücken kannst du diese Gewichte auswiegen?**
Beispiel: 80 g = 50 g + 20 g + 10 g

a) 115 g = 100 g + 10 g + 5 g

b) 536 g = 500 g + 20 g + 10 g + 5 g + 1 g

c) 999 g = 500 g + 200 g + 200 g + 50 g + 20 g + 20 g + 5 g + 2 g + 2 g

④ **Wiege mit einer Balkenwaage oder einer Küchenwaage.**

1 Farbkasten	= ______ g		1 Zirkel	= ______ g	
1 Tafelschwamm	= ______ g		1 Klebestift	= ______ g	
1 Lineal	= ______ g		1 Rechenheft	= ______ g	
1 Anspitzer	= ______ g		1 Schere	= ______ g	

Lösung Seite 31

(27) Aufgaben rund um das Gramm

① **Welche Gewichtsangaben können richtig sein? Kreise ein!**

1 Mann	500 g	(1 Tafel Schokolade)	(100 g)
(1 Reißzwecke)	(1 g)	1 Packung Mehl	100 g
(1 Packung Butter)	(250 g)	1 Radiergummi	900 g

② **Wie viel wiegt der Inhalt der Pakete?**

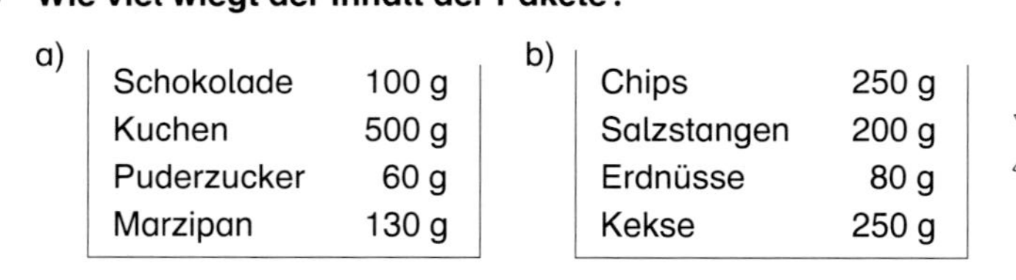

a)

Schokolade	100 g
Kuchen	500 g
Puderzucker	60 g
Marzipan	130 g

= 790 g

b)

Chips	250 g
Salzstangen	200 g
Erdnüsse	80 g
Kekse	250 g

= 780 g

③ a) Jasmin möchte Kuchen backen. Sie füllt in eine Schüssel 450 g Mehl, 150 g Butter, 50 g Mondamin, 225 g Zucker und 30 g Kakao.

Frage: Wie viel Gramm wiegen die Zutaten zusammen?

Rechnung: 450 g + 150 g + 50 g + 225 g + 30 g = 905 g

Antwort: Die Zutaten wiegen zusammen 905 g.

b) Miriam soll beim Metzger 600 g Hackfleisch kaufen. Die Waage zeigt 348 g an.

Frage: Wie viel Gramm Hackfleisch fehlen noch?

Rechnung: 600 g – 348 g = 252 g oder 348 g + 252 g = 600 g

Antwort: Es fehlen noch 252 g Hackfleisch.

Lösung Seite 32

(28) Das Kilogramm

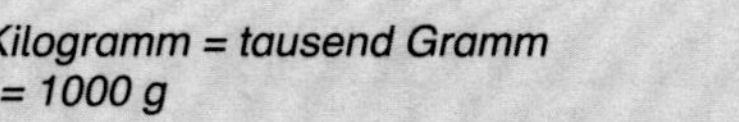

Ein Kilogramm = tausend Gramm
1 kg = 1000 g

① **Suche Lebensmittel, die etwa 1 kg wiegen.**
Benutze eine Balkenwaage oder eine Küchenwaage.

1 Packung Mehl, 1 Packung Zucker, 1 Liter Milch

② a) **Schätze und verbinde!**

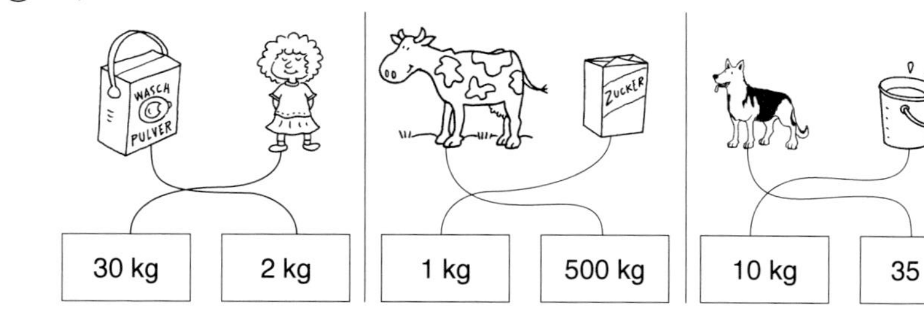

30 kg	2 kg	1 kg	500 kg	10 kg	35 kg

b) **Ordne die Gewichte der Größe nach.**

1 kg < 2 kg < 10 kg < 30 kg < 35 kg < 500 kg

③ Entscheide dich:
Wiege mit einer Küchenwaage oder einer Personenwaage.

1 Mitschüler = ______ kg   1 Blumentopf = ______ kg

1 großes Buch = ______ kg   1 Schulranzen = ______ kg

④ **Welche Gewichtsangaben können richtig sein? Kreise ein!**

(1 Mann)	(80 kg)	1 Tafel Schokolade	10 kg
1 Baby	35 kg	(2 Packungen Zucker)	(2 kg)
1 Schäferhund	1000 kg	(10 Milchtüten)	(10 kg)

(29) Aufgaben rund um das Kilogramm

① **Berechne!**

a) 250 kg + 300 kg = 550 kg
546 kg + 400 kg = 946 kg
753 kg + 132 kg = 885 kg
409 kg + 478 kg = 887 kg
583 kg + 75 kg = 658 kg
89 kg + 334 kg = 423 kg

b) 900 kg – 600 kg = 300 kg
780 kg – 360 kg = 420 kg
696 kg – 523 kg = 173 kg
457 kg – 284 kg = 173 kg
807 kg – 258 kg = 549 kg
944 kg – 87 kg = 857 kg

② **Berechne!**

a) 583 kg + 217 kg = 800 kg
375 kg + 173 kg = 548 kg
437 kg + 427 kg = 864 kg

b) 753 kg – 500 kg = 253 kg
835 kg – 504 kg = 331 kg
953 kg – 717 kg = 236 kg

③ a) Anne kauft 1 kg Bananen, 3 kg Äpfel, 2 kg Möhren, 2 kg Tomaten und 5 kg Kartoffeln.

Frage: Wie viele kg Obst und Gemüse hat Anne eingekauft?
Rechnung: 1 kg + 3 kg + 2 kg + 2 kg + 5 kg = 13 kg
Antwort: Anne hat 13 kg Obst und Gemüse eingekauft.

b) Tobias hat 440 kg Kartoffeln geerntet. Er verkauft 225 kg.

Frage: Wie viele kg Kartoffeln hat Tobias übrig?
Rechnung: 440 kg – 225 kg = 215 kg
Antwort: Tobias hat 215 kg Kartoffeln übrig.

(30) Wiegen mit Gramm und Kilogramm

① **Wie schwer sind die Waren? Schreibe ihr Gewicht in die Waagen.**

a) 370 g
b) 600 g
c) 1000 g
d) 2 kg 500 g
e) 700 g
f) 650 g

② **Welche Gewichte musst du dazulegen, damit die Waagen ins Gleichgewicht kommen? Schreibe die Gewichte unter die Waagen.**

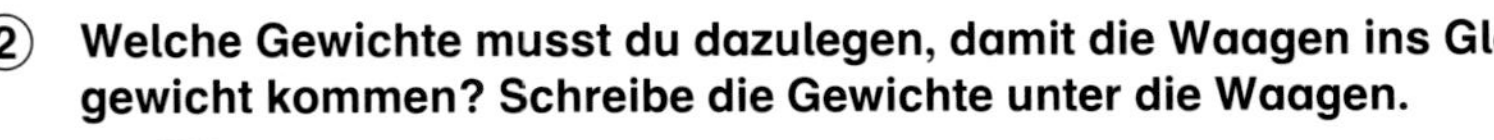

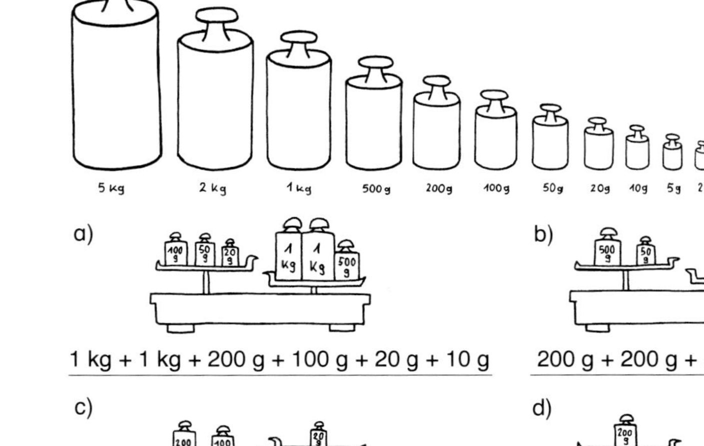

a) 1 kg + 1 kg + 200 g + 100 g + 20 g + 10 g
b) 200 g + 200 g + 50 g
c) 200 g + 50 g + 20 g + 10 g
d) 200 g + 100 g

Lösung Seite 35

(31) Rechnen mit Gramm und Kilogramm 1

① **Wandle um! Schreibe auf ein extra Blatt.**

1 kg = 1000 g	1000 g = 1 kg	1 kg 342 g = 1342 g	1200 g = 1 kg 200 g
a)	b)	c)	d)
3 kg = 3000 g	4000 g = 4 kg	2 kg 450 g = 2450 g	8500 g = 8 kg 500 g
5 kg = 5000 g	9000 g = 9 kg	5 kg 785 g = 5785 g	6400 g = 6 kg 400 g
7 kg = 7000 g	3000 g = 3 kg	1 kg 976 g = 1976 g	7530 g = 7 kg 530 g
10 kg = 10000 g	2000 g = 2 kg	6 kg 55 g = 6055 g	8641 g = 8 kg 641 g

② **Wandle um!**

Das Komma trennt kg und g.
3 kg 560 g = 3,560 kg

Das Komma trennt kg und g.
5767 g = 5,767 kg

a)	b)
2 kg 847 g = 2,847 kg	8473 g = 8,473 kg
7 kg 683 g = 7,683 kg	9036 g = 9,036 kg
6 kg 35 g = 6,035 kg	1572 g = 1,572 kg
5 kg 936 g = 5,936 kg	9385 g = 9,385 kg

③ **Ergänze!**

Schreibe in:						
g	4100 g	7348 g	3064 g	6450 g	7093 g	9123 g
kg und g	4 kg 100 g	7 kg 348 g	3 kg 64 g	6 kg 450 g	7 kg 93 g	9 kg 123 g
kg	4,100 kg	7,348 kg	3,064 kg	6,450 kg	7,093 kg	9,123 kg

④ **Ordne der Größe nach. Beginne mit dem kleinsten Gewicht.**

7 kg | 463 kg | 9200 g | 3,405 kg | 8 kg 65 g | 2534 g | 10 kg

2534 g < 3,405 kg < 7 kg < 8 kg 65 g < 9200 g < 10 kg < 463 kg

Lösung Seite 36

(32) Rechnen mit Gramm und Kilogramm 2

① **Setze <, > oder = ein!**

a)

3 kg	>	2 kg 544 g
1 kg 56 g	=	1056 g
2345 g	<	7 kg 345 g
4 kg 169 g	=	4,169 kg

b)

6,203 kg	>	5 kg 415 g
9003 g	>	9 kg 1 g
0,342 kg	=	342 g
6 kg 932 g	<	10 kg

② **Ergänze zu einem Kilogramm.**

a) 400 g + 600 g = 1 kg
350 g + 650 g = 1 kg
846 g + 154 g = 1 kg

b) 347 g + 653 g = 1 kg
749 g + 251 g = 1 kg
153 g + 847 g = 1 kg

③ **Berechne!**

a) 3 kg 460 g + 120 g = 3 kg 580 g
6 kg 578 g + 322 g = 6 kg 900 g
7 kg 935 g + 65 g = 8 kg

b) 6 kg 590 g – 230 g = 6 kg 360 g
9 kg 785 g – 490 g = 9 kg 295 g
4 kg 234 g – 234 g = 4 kg

④ Klaus bereitet einen Salat zu:
500 g Salatsoße, 1 kg Kartoffeln, 450 g Gurken,
200 g Zwiebeln und 0,3 kg Speck.
Die Schüssel wiegt 3,2 kg.

Wie viele Kilogramm muss Klaus tragen, wenn er den Salat zum Tisch trägt?

Rechnung: 500 g + 1000 g + 450 g + 200 g + 300 g + 3200 g = 5650 g
= 5 kg 650 g

Antwort: Klaus muss 5 kg 650 g zum Tisch tragen.

(33) Die Tonne

Eine Tonne = tausend Kilogramm
1 t = 1000 kg

① **Schätze: Was wiegt in etwa 1 t?**

1 Auto, 1 Giraffe

② **Von welchen Dingen wird das Gewicht in Tonnen angegeben? Kreise ein!**

(Kran) *(Flugzeug)* *Hundefutter* *(Bus)* *Katzenstreu*

Hamster *(Schotter)* *Kind* *(Elefant)* *Hund*

③ a) **Schätze und verbinde!**

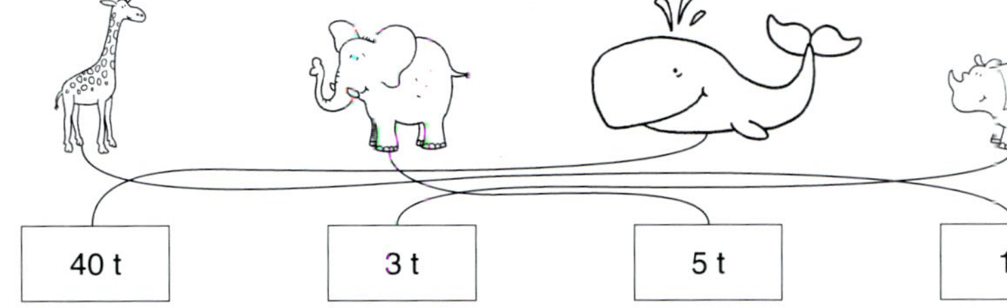

40 t | 3 t | 5 t | 1 t

b) **Ordne die Gewichte der Größe nach.**

1 t < 3 t < 5 t < 40 t

④ **Welche Gewichtsangaben können richtig sein? Kreise ein!**

(1 Auto	1 t)	1 Meerschweinchen	2 t
1 Mensch	2 t	(1 Riesenhai	4 t)
1 Fernseher	1 t	(1 Lastwagen	11 t)

(34) Aufgaben rund um die Tonne

① **Wandle um! Schreibe auf ein extra Blatt.**

1 t = 1000 kg | 1000 kg = 1 t | 1 t 367 kg = 1367 kg | 1600 kg = 1 t 600 kg

a)	b)	c)	d)
4 t = 4000 kg	3000 kg = 3 t	1 t 900 kg = 1900 kg	3600 kg = 3 t 600 kg
6 t = 6000 kg	4000 kg = 4 t	7 t 473 kg = 7473 kg	8605 kg = 8 t 605 kg
9 t = 9000 kg	8000 kg = 8 t	2 t 798 kg = 2798 kg	1400 kg = 1 t 400 kg
10 t = 10000 kg	6000 kg = 6 t	5 t 44 kg = 5044 kg	7325 kg = 7 t 325 kg

② **Wandle um!**

Das Komma trennt t und kg.
1 t 320 kg = 1,320 t

Das Komma trennt t und kg.
5767 kg = 5,767 t

a)	b)
6 t 345 kg = 6,345 t	3645 kg = 3,645 t
7 t 736 kg = 7,736 t	6435 kg = 6,435 t
8 t 35 kg = 8,035 t	5500 kg = 5,500 t
0 t 452 kg = 0,452 t	4532 kg = 4,532 t

③ **Ergänze!**

Schreibe in:						
kg	2300 kg	4356 kg	2500 kg	7093 kg	9235 kg	7534 kg
t und kg	2 t 300 kg	4 t 356 kg	2 t 500 kg	7 t 93 kg	9 t 235 kg	7 t 534 kg
t	2,300 t	4,356 t	2,500 t	7,093 t	9,235 t	7,534 t

④ **Ordne der Größe nach. Beginne mit dem kleinsten Gewicht.**

9 kg | 3245 kg | 831 t | 2 t | 1,405 t | 9 kg 675 g | 1000 kg

9 kg < 9 kg 675 g < 1000 kg < 1,405 t < 2 t < 3245 kg < 831 t

Lösung Seite 39

(35) Rechnen mit Tonne und Kilogramm

① **Setze <, > oder = ein!**

a)

9000 kg	<	9 t 544 kg
1 t 200 kg	>	0,445 t
4567 kg	<	7 t 567 kg
8 t 834 kg	=	8,834 t

b)

4,255 t	=	4255 kg
3500 kg	>	3 t 5 g
0,456 t	=	456 kg
2 t 432 kg	<	10 t

② **Ergänze zu 1 t.**

a) 234 kg + 766 kg = 1 t
327 kg + 673 kg = 1 t
856 kg + 144 kg = 1 t

b) 430 kg + 570 kg = 1 t
346 kg + 654 kg = 1 t
1 kg + 999 kg = 1 t

③ **Berechne!**

a) 5 t 200 kg + 730 kg = 5 t 930 kg
8 t 750 kg + 243 kg = 8 t 993 kg
7 t 937 kg + 89 kg = 8 t 26 kg

b) 8 t 590 kg – 230 kg = 8 t 360 kg
5 t 785 kg – 490 kg = 5 t 295 kg
9 t 454 kg – 454 kg = 9 t

④ Eine Giraffe (1300 kg) und ein Nashorn (3800 kg) sollen in einen anderen Zoo gefahren werden.

Wie viele Tonnen muss der Lastwagen transportieren?

Rechnung: 1300 kg + 3800 kg = 5100 kg = 5 t 100 kg = 5,100 t

Antwort: Der Lastwagen muss 5,1 t transportieren.

Lösung Seite 40

(36) Umwandlungsaufgaben

① **Gramm und Kilogramm. Wandle um!**

a)
1100 g = 1,100 kg
7800 g = 7,800 kg
1820 g = 1,820 kg

b)
7,400 kg = 7400 g
3,570 kg = 3570 g
5,035 kg = 5035 g

1000 g 1 kg	100 g	10 g	1 g	
1	8	0	0	g
1,	8	0	0	kg

② **Kilogramm und Tonne. Wandle um!**

a)
2000 kg = 2,000 t
7500 kg = 7,500 t
9975 kg = 9,975 t

b)
3,800 t = 3800 kg
5,005 t = 5005 kg
0,043 t = 43 kg

1000 kg 1 t	100 kg	10 kg	1 kg	
5	3	0	0	kg
5,	3	0	0	t

③ **Der beladene Lastwagen wiegt 2700 kg. Darf er über die Brücke fahren?**

Antwort: Ja, er darf über die Brücke fahren.

Begründe: Der Lastwagen wiegt 2700 kg = 2,7 t.
Er dürfte bis zu 3,2 t wiegen.

④ **Wandle die Gewichte in kg um.**
Ordne sie dann. Beginne mit dem leichtesten Gewicht.

950 g | 1,020 t | 1 kg 400 g | 0,004 t | 1060 kg | 95 g | 2 kg

in kg:
0,950 kg – 1020 kg – 1,4 kg – 4 kg – 1060 kg – 0,095 kg – 2 kg

geordnet:
0,095 kg < 0,950 kg < 1,4 kg < 2 kg < 4 kg < 1020 kg < 1060 kg

Lösung Seite 41

37 Sachaufgaben 1

① **Wie schwer sind die Kisten zusammen?**

a)

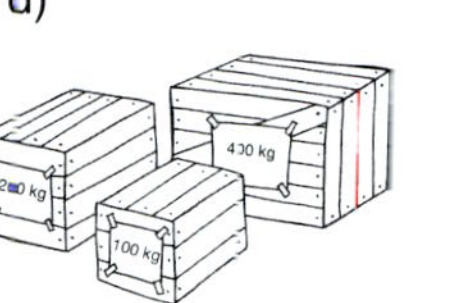

b)

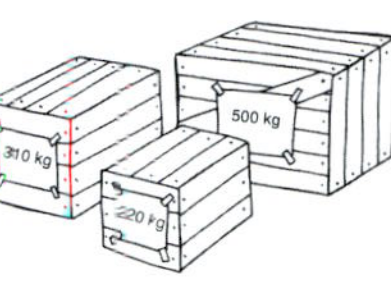

c)

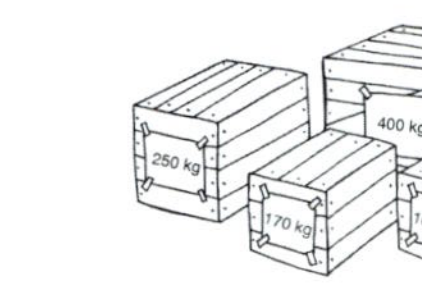

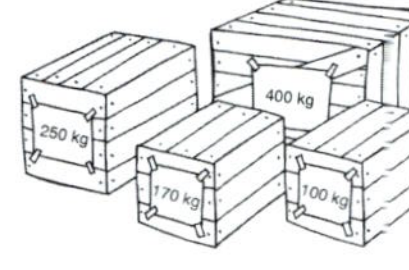

a) 700 kg = 0,700 t b) 1030 kg = 1,030 t c) 920 kg = 0,920 t

② Ein Lastwagen wiegt unbeladen 1,9 t. Er darf beladen höchstens 2,8 t wiegen. Eine Getränkekiste wiegt 10 kg.

Ladegewicht	Leergewicht	Gesamtgewicht

a) **Darf der Lastwagen mit 35 Kisten beladen werden?**

Rechnung: 35 · 10 kg = 350 kg, 350 kg + 1900 kg = 2250 kg = 2,250 t

Antwort: Der LKW darf mit 35 Kisten beladen werden.

b) **Wie viele Kisten dürfen höchstens geladen werden?**

Rechnung: 2,8 t – 1,9 t = 0,9 t = 900 kg, 900 kg : 10 kg = 90

Antwort: Es dürfen höchstens 90 Kisten geladen werden.

③ Ein Blatt DIN-A4-Papier wiegt ungefähr 6 g.

a) Wie viel wiegen 500 Blatt Papier? 500 · 6 g = 3000 g

b) Herr Müller wiegt 111 kg. Wie vielen Blättern Papier entspricht dies?

111 kg = 111.000 g, 111.000 g : 6 g = 18.500 Blatt

c) Und du? Wie vielen Blättern Papier entsprichst du? __________

Lösung Seite 42

38 Sachaufgaben 2

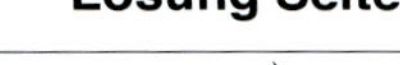

Rechne die Aufgaben in deinem Heft!

① 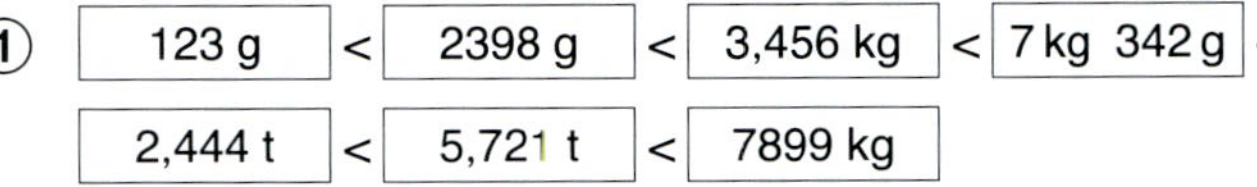

123 g < 2398 g < 3,456 kg < 7 kg 342 g < 999 kg

2,444 t < 5,721 t < 7899 kg

② Das Paket ist 6250 g = 6,250 kg schwer:
25 · 250 g = 6250 g

③ Andrea wiegt 60 kg. Martin wiegt 90 kg.
Andrea: 3 · 20 kg = 60 kg
Martin: 170 kg – 20 kg – 60 kg = 90 kg

④ a) Ein Elefant braucht 20 Tage, um 1 t Heu zu fressen: 1000 kg : 50 kg = 20

b) Ein Elefant braucht 50 Tage, um 1 t Kraftfutter zu fressen: 1000 kg : 20 kg = 50

c) In einem Monat frisst ein Elefant 1550 kg Heu = 1,550 t: 50 kg · 31 = 1550 kg

⑤ Ja, der Lastwagen darf alle Kisten laden:
5 · 500 kg = 2500 kg = 2,5 t

⑥ Der Lastwagen lädt 7 t Schotter ab:
14 t : 2 = 7 t

⑦ Es werden 200 t Baustoffe ausgeliefert:
8 · 25 t = 200 t

⑧ Der Kleintransporter muss 42-mal fahren:
126 t : 3 t = 42

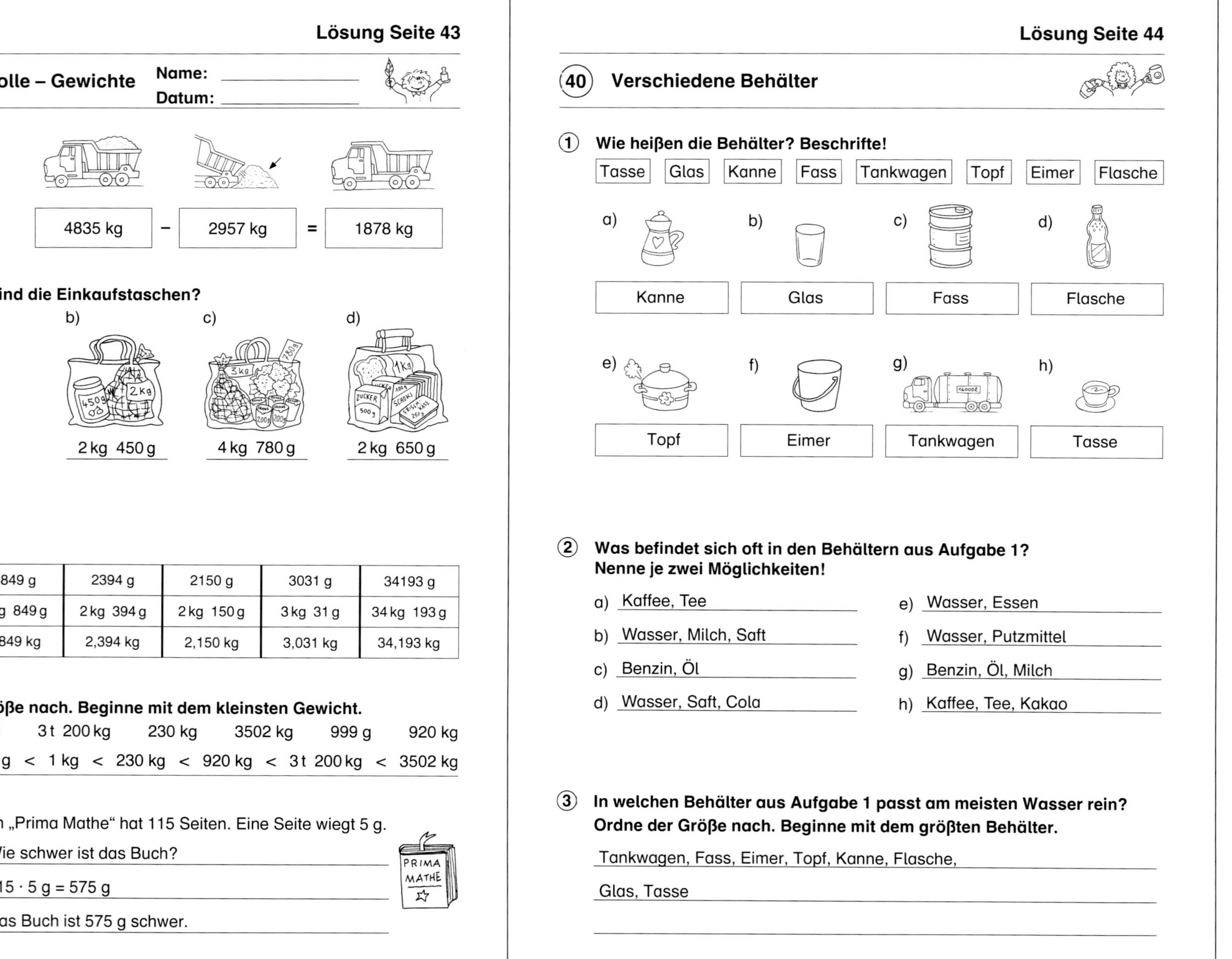

Lösung Seite 43

(39) Lernkontrolle – Gewichte

Name: ______
Datum: ______

① **Berechne!**

4835 kg	–	2957 kg	=	1878 kg

② **Wie schwer sind die Einkaufstaschen?**

a) 500 g
b) 2 kg 450 g
c) 4 kg 780 g
d) 2 kg 650 g

③ **Ergänze!**

Schreibe in:					
g	3849 g	2394 g	2150 g	3031 g	34193 g
kg und g	3 kg 849 g	2 kg 394 g	2 kg 150 g	3 kg 31 g	34 kg 193 g
kg	3,849 kg	2,394 kg	2,150 kg	3,031 kg	34,193 kg

④ **Ordne der Größe nach. Beginne mit dem kleinsten Gewicht.**

100 g   1 kg   3 t 200 kg   230 kg   3502 kg   999 g   920 kg

100 g < 999 g < 1 kg < 230 kg < 920 kg < 3 t 200 kg < 3502 kg

⑤ Das Schulbuch „Prima Mathe" hat 115 Seiten. Eine Seite wiegt 5 g.

Frage: Wie schwer ist das Buch?

Rechnung: 115 · 5 g = 575 g

Antwort: Das Buch ist 575 g schwer.

Lösung Seite 44

(40) Verschiedene Behälter

① **Wie heißen die Behälter? Beschrifte!**

Tasse | Glas | Kanne | Fass | Tankwagen | Topf | Eimer | Flasche

a) Kanne
b) Glas
c) Fass
d) Flasche
e) Topf
f) Eimer
g) Tankwagen
h) Tasse

② **Was befindet sich oft in den Behältern aus Aufgabe 1? Nenne je zwei Möglichkeiten!**

a) Kaffee, Tee
b) Wasser, Milch, Saft
c) Benzin, Öl
d) Wasser, Saft, Cola
e) Wasser, Essen
f) Wasser, Putzmittel
g) Benzin, Öl, Milch
h) Kaffee, Tee, Kakao

③ **In welchen Behälter aus Aufgabe 1 passt am meisten Wasser rein? Ordne der Größe nach. Beginne mit dem größten Behälter.**

Tankwagen, Fass, Eimer, Topf, Kanne, Flasche,
Glas, Tasse

41 Das Fassungsvermögen

① Dieser Tank hat ein Fassungsvermögen von 16000 l.

Was versteht man unter dem Begriff „Fassungsvermögen“? Schreibe!

Das Fassungsvermögen gibt den Rauminhalt (oder auch das Volumen) eines Gegenstandes an.

② **Vergleiche das Fassungsvermögen der Behälter.**
Du brauchst dazu ein Glas.

a) Fülle die Behälter mit Wasser. Schütte jetzt deren Inhalt nacheinander in das Glas. Für jedes gefüllte Glas machst du einen Strich in der Tabelle.

Behälter	Strichliste Gläser 𝍸	Anzahl

b) **Trage ein!**

Kleinster Behälter: Suppenkelle

Größter Behälter: Topf

42 Der Liter

Das Fassungsvermögen nennt man auch Hohlmaß.
Es gibt die Größe eines Raumes oder Rauminhaltes an.
Hohlmaße werden in Litern gemessen. Liter wird mit l abgekürzt.

① a) **Welche Literangaben passen zu welchen Behältern? Verbinde!**

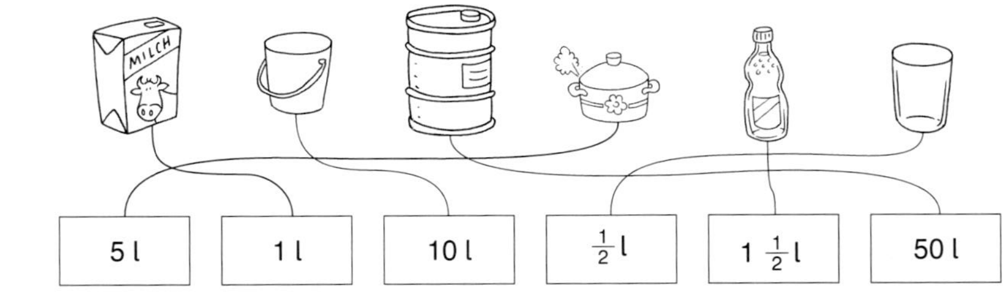

b) **Ordne die Behälter nach ihrem Fassungsvermögen.**
Beginne mit dem Behälter, der das größte Fassungsvermögen hat.

Fass, Eimer, Topf, Flasche, Tetrapak, Glas

c) **Beantworte die folgenden Fragen!**

1. Wie viele Tetrapaks Milch passen in den Eimer? 10 Stück
2. Wie viele Eimer passen in das Fass? 5 Stück
3. Wie viele Gläser passen in den Topf? 10 Stück
4. Wie viele Flaschen braucht man, um Eimer und Topf zu füllen? 10 Stück

② In ein großes Planschbecken werden 900 l Wasser eingelassen.
In einer Minute fließen 3 l in das Becken.
Wie lange dauert es, bis das Planschbecken gefüllt ist?

Rechnung: 900 : 3 = 300 Minuten = 5 Stunden

Antwort: Es dauert 5 Stunden, bis das Planschbecken voll ist.

Lösung Seite 47

(43) Literangaben vergleichen

① **Zeichne die jeweiligen Mengen in die Messbecher ein.**

1 l

$\frac{1}{2}$ l

$\frac{1}{4}$ l

$\frac{1}{8}$ l

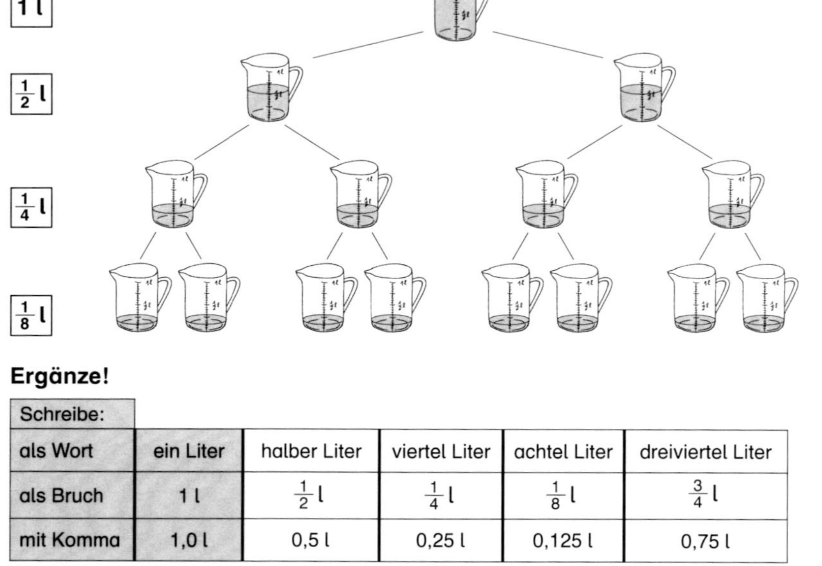

② **Ergänze!**

Schreibe:					
als Wort	ein Liter	halber Liter	viertel Liter	achtel Liter	dreiviertel Liter
als Bruch	1 l	$\frac{1}{2}$ l	$\frac{1}{4}$ l	$\frac{1}{8}$ l	$\frac{3}{4}$ l
mit Komma	1,0 l	0,5 l	0,25 l	0,125 l	0,75 l

③ Fülle ohne die Hilfe eines Messbechers einen $\frac{3}{4}$ Liter Milch oder Wasser ab.
Beschreibe die Arbeitsschritte.
Schneide dazu die Kärtchen unten aus und klebe sie in der richtigen Reihenfolge auf das Arbeitsblatt.

1 l	: 4	$\frac{1}{4}$ l	• 3	$\frac{3}{4}$ l

Lösung Seite 48

(44) Unser Wasserverbrauch 1

Hier siehst du den durchschnittlichen Wasserverbrauch einer Person pro Tag.

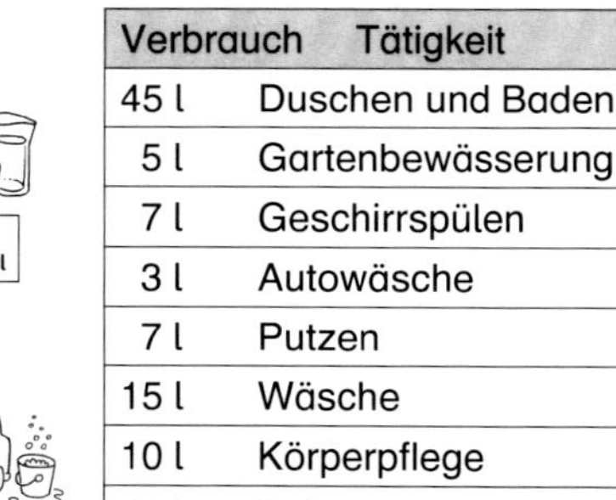

Verbrauch	Tätigkeit
45 l	Duschen und Baden
5 l	Gartenbewässerung
7 l	Geschirrspülen
3 l	Autowäsche
7 l	Putzen
15 l	Wäsche
10 l	Körperpflege
40 l	Toilettenspülung
4 l	Trinken, Kochen

Ordne die Tätigkeiten nach der Höhe ihres Wasserverbrauchs.
Schneide dazu die Abbildungen unten aus und klebe sie in die Tabelle.
Zeichne die entsprechende Anzahl an Eimern dazu!

Tätigkeit	Liter	Eimer (1 Eimer = 10 l; $\frac{1}{2}$ Eimer = 5 l)
	45 l	
	40 l	
	15 l	
	10 l	
	7 l	
	7 l	
	5 l	
	4 l	
	3 l	

Lösung Seite 49

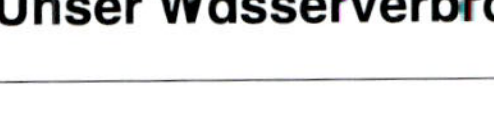

(45) Unser Wasserverbrauch 2

Du weißt: Eine Person verbraucht durchschnittlich 140 Liter Wasser pro Tag.

① **Berechne die entsprechenden Literanzahlen!**

a) Berechne den Wasserverbrauch pro Tag für:

1 Person	2 Personen	3 Personen	4 Personen	deine Familie
140 l	280 l	420 l	560 l	

b) Berechne den Wasserverbrauch pro Person für:

1 Tag	1 Woche	2 Wochen	10 Wochen	1 Jahr
140 l	980 l	1960 l	9800 l	52 Wochen: 50960 l (365 Tage: 51100 l)

c) Wie viel Wasser verbraucht eine Familie mit 2 Kindern in einem Jahr?

Rechnung: 50960 l · 4 = 203.840 l (oder 51100 l · 4 = 204.400 l)

Die Familie verbraucht 203.840 (oder 204.400) Liter Wasser in einem Jahr.

d) Wie vielen Kisten Wasser entspricht der Wasserverbrauch der Familie mit 2 Kindern? In einer Kiste Wasser sind 10 Literflaschen.

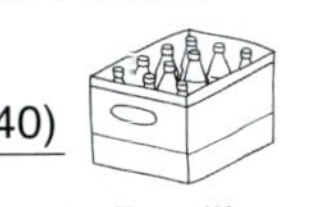

Rechnung: 203.840 l : 10 l = 20384 (oder 204.400 l : 10 l = 20440)

20384 (oder 20440) Kisten entsprechen dem Wasserverbrauch einer Familie mit 2 Kindern.

② **Wasser ist kostbar! Hier siehst du, wie viel man pro Tag sparen kann.**

5 l	5 l	0 l	25 l	0 l	25 l	0 l	5 l	3 l

a) Bei welchen Tätigkeiten …

… kann man am meisten Wasser sparen? Duschen und Baden, Toilette

… kann man kein Wasser sparen? Trinken, Kochen, Putzen, Körperpflege

b) Zusammengerechnet kann man 68 l pro Tag sparen.

Lösung Seite 50

(46) Der Milliliter

1 Liter (1 l) = 1000 Milliliter (1000 ml)

① a) **Benenne die Gefäße. Trage ein!**

Babyflasche | Tetrapak | Flasche | Tasse | Dose | Glas | Fingerhut

Gefäß							
Name	Babyflasche	Tetrapak	Fingerhut	Glas	Flasche	Dose	Tasse
geschätzter Inhalt in ml							

b) **Schätze, wie viele Milliliter in die Gefäße passen. Trage ein!**

c) **Überprüfe deine Schätzungen mithilfe eines Messbechers. Schreibe die Gefäße an die Skala!**

1500 ml

1000 ml

500 ml

Babyflasche (250 ml)

0 ml

47 Aufgaben rund um den Milliliter

① Untersuche! Wie viel trinkst du in den nächsten 3 Tagen?

a) Mache dazu entsprechende Striche in die Tabelle.
b) Wie viele Milliliter trinkst du an einem Tag? Berechne!

Tag	1. Tag ml	2. Tag ml	3. Tag ml
kleines Glas			
großes Glas			
Tasse			
Trinkpäckchen			
Flasche			
Gesamt			

Du weißt: Für Kinder wird empfohlen, dass sie pro Tag 6 Gläser mit je 250 ml Inhalt trinken sollen.

c) Wie viele Milliliter sollen Kinder pro Tag trinken? 1500 ml
d) Wie viele Milliliter trinkst du mehr oder weniger als empfohlen? Trage ein!

Tag	1. Tag	2. Tag	3. Tag
getrunkene ml			
Abweichung	o mehr ___ o weniger ___	o mehr ___ o weniger ___	o mehr ___ o weniger ___

② In einen Brunnen fließen pro Minute 1500 ml Wasser.
Wie viel Wasser fließt in einer halben Stunde, in einer Stunde bzw. in einer Woche in den Brunnen?

Zeitraum	$\frac{1}{2}$ Stunde	1 Stunde	1 Woche
ml	45000 ml	90000 ml	15.120.000 ml

③ Du brauchst einen Ess- und einen Teelöffel sowie eine Spritze mit Maßangaben.
a) Wie viele Milliliter passen in einen Esslöffel? 10 ml
b) Wie viele Milliliter passen in einen Teelöffel? 3 ml
c) Wie viele Esslöffel braucht man, um eine Literflasche zu füllen?
100 Stück

48 Umwandlungsaufgaben

Du weißt: 1 l = 1000 ml

① **Wandle um! Schreibe auf ein extra Blatt.**

a) 1 l = 1000 ml	b) 1000 ml = 1 l	c) 1 l 152 ml = 1152 ml	d) 1300 ml = 1,300 l
4 l = 4000 ml	3000 ml = 3 l	3 l 150 ml = 3150 ml	7600 ml = 7,600 l
8 l = 8000 ml	6000 ml = 6 l	7 l 492 ml = 7492 ml	9380 ml = 9,380 l
12 l = 12000 ml	9000 ml = 9 l	2 l 949 ml = 2949 ml	9008 ml = 9,008 l
50 l = 50000 ml	13000 ml = 13 l	3 l 89 ml = 3089 ml	606 ml = 0,606 l

② **Ergänze!**

Liter	das Doppelte	angegeben in ml	die Hälfte	angegeben in ml
1	2 l	2000 ml	$\frac{1}{2}$ l	500 ml
4	8 l	8000 ml	2 l	2000 ml
10	20 l	20000 ml	5 l	5000 ml
$\frac{1}{2}$	1 l	1000 ml	$\frac{1}{4}$ l	250 ml
$\frac{1}{4}$	$\frac{1}{2}$ l	500 ml	$\frac{1}{8}$ l	125 ml

③ **Verbinde die Literangaben mit den passenden Angaben in Millilitern!**

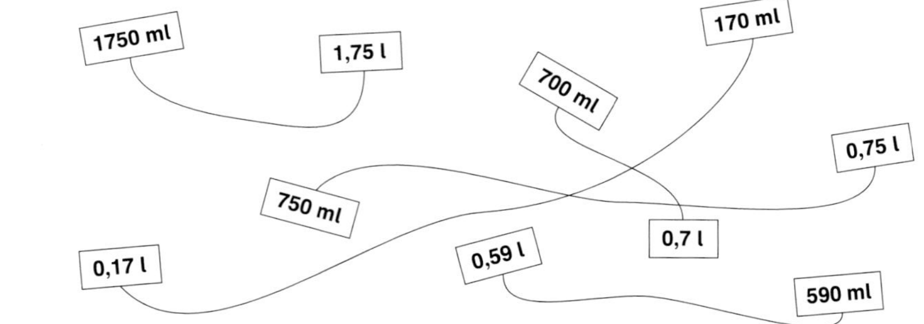

Lösung Seite 53

(49) Rechnen mit Litern und Millilitern

① **Ordne der Größe nach. Beginne mit der kleinsten Angabe.**

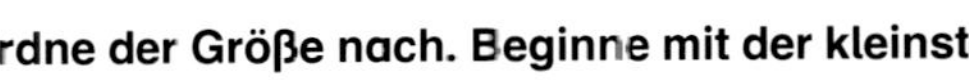

5 l	560 ml	1,5 l	4 l 340 ml	5370 ml	4,9 l	990 ml	5 l 299 ml	5,2 l

560 ml < 990 ml < 1,5 l < 4 l 340 ml < 4,9 l < 5 l < 5,2 l < 5 l 299 ml < 5370 ml

② **Berechne und gib das Ergebnis in l an.**

a) 2 l 570 ml + 120 ml = 2,690 l
8 l 609 ml + 510 ml = 9,119 l
5 l 743 ml + 0,64 l = 6,383 l

b) 4 l 780 ml – 540 ml = 4,240 l
6 l 506 ml – 780 ml = 5,726 l
7 l 218 ml – 0,7 l = 6,518 l

③ Pro Minute fallen 1000 Regentropfen. Das sind etwa 10 ml.
Wie viele Liter sind das in einer Stunde?

Rechnung: 10 ml · 60 = 600 ml = 0,6 l

Antwort: Es fallen 0,6 l in einer Stunde.

④ Beim Kochen von Wasser verdampfen pro Liter 20 ml. In einer Großküche werden 100 Liter Wasser aufgekocht, um Tee daraus zu machen.

Fragen: Wie viele Liter Wasser verdampfen?
Wie viele Liter Tee bleiben übrig?

Rechnungen: 100 · 0,02 l = 2 l   100 l – 2 l = 98 l

Antworten: 2 l Wasser verdampfen. 98 l Tee bleiben übrig.

⑤ In eine Badewanne passen etwa 108 Liter Wasser.
Wie viele Kisten braucht man, um die Badewanne zu füllen?
In einer Kiste Wasser sind 12 Flaschen zu je 0,75 l.

Rechnung: 12 · 0,75 l = 9 l, 108 l : 9 l = 12

Antwort: Man benötigt 12 Kisten.

Lösung Seite 54

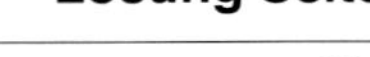

(50) Lernkontrolle – Hohlmaße

Name: ____________
Datum: ____________

① **Kreise die Gefäße ein:**
- rot, in welche genau ein halber Liter passt.
- blau, in welche genau ein viertel Liter passt.
- grün, in welche genau 330 ml passen.

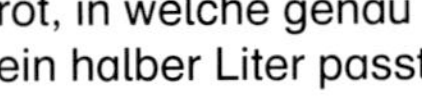

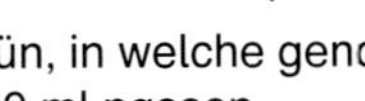

② **Ergänze!**

Schreibe in:						
ml	3829 ml	2394 ml	3407 ml	7050 ml	9090 ml	307 ml
l und ml	3 l 829 ml	2 l 394 ml	3 l 407 ml	7 l 50 ml	9 l 90 ml	0 l 307 ml
l	3,829 l	2,394 l	3,407 l	7,050 l	9,090 l	0,307 l

③ **Setze die Zeichen <, > oder = ein!**

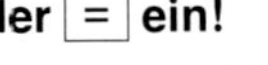
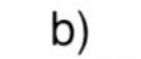

a)

4 l	>	3 l 750 ml
10 l 8 ml	=	10008 ml
490 ml	<	2 l
8 l 94 ml	<	8,94 l

b)

4,021 l	=	4 l 21 ml
2003 ml	>	2 l 2 ml
460 ml	>	0,390 l
0,681 l	<	6,081 l

④ Die Klasse 3b möchte eine Faschingsfeier veranstalten. Die Schüler planen 24 Tassen Kakao und 36 Becher Orangensaft ein.
Eine Tasse fasst 150 ml und ein Becher 200 ml.
Wie viele Liter Kakao und Orangensaft müssen eingekauft werden?

Rechnung: 24 · 150 ml = 3600 ml, 36 · 200 ml = 7200 ml

Antwort: Es müssen 3,6 Liter Kakao und 7,2 Liter Orangensaft eingekauft werden.